培文通识大讲堂

小哲学

如何思考普通的事物

Malá filosofie člověka

Jan Sokol

［捷克］扬·索克尔 著
何文忠 竺琦玫 译

北京大学出版社
PEKING UNIVERSITY PRESS

著作权合同登记号　图字：01-2017-8007
图书在版编目(CIP)数据

小哲学：如何思考普通的事物/(捷克)扬·索克尔著；何文忠，竺琦玫译．
—北京：北京大学出版社，2018.11 (2019.3重印)
(培文通识大讲堂)
ISBN 978-7-301-29887-9

Ⅰ.①小… Ⅱ.①扬… ②何… ③竺… Ⅲ.①哲学 Ⅳ.①B

中国版本图书馆 CIP 数据核字（2018）第 211143 号

Malá filosofie člověka by Jan Sokol
© Jan Sokol, 2016
All rights reserved by and controlled through Jan Sokol.
Book was originally published in Karolinum Press, Charles University in 2016.
本书中文简体字翻译版由 Karolinum Press 授权北京大学出版社独家出版发行。

书　　　名	小哲学：如何思考普通的事物 XIAO ZHEXUE: RUHE SIKAO PUTONG DE SHIWU
著作责任者	［捷克］扬·索克尔（Jan Sokol） 著　何文忠　竺琦玫　译
责任编辑	徐文宁　于海冰
标准书号	ISBN 978-7-301-29887-9
出版发行	北京大学出版社
地　　址	北京市海淀区成府路 205 号　100871
网　　址	http://www.pup.cn　新浪微博：@北京大学出版社 @培文图书
电子信箱	pkupw@qq.com
电　　话	邮购部 010-62752015　发行部 010-62750672 编辑部 010-62750112
印　刷　者	三河市国新印装有限公司
经　销　者	新华书店
	650 毫米 ×960 毫米　16 开本　16.25 印张　200 千字 2018 年 11 月第 1 版　2021 年 12 月第 3 次印刷
定　　价	48.00 元

未经许可，不得以任何方式复制或抄袭本书之部分或全部内容。
版权所有，侵权必究
举报电话：010-62752024　电子信箱：fd@pup.pku.edu.cn
图书如有印装质量问题，请与出版部联系，电话：010-62756370

目 录

前　言 003

1　哲学：介于科学、艺术和神话之间 001
2　我们怎么看怎么听 010
3　感知力与注意力 017
4　事物、词汇、名字 021
5　语言与思想 031
6　世界中的人 040
7　假日与常日、神话与逻各斯 049
8　你和我 057
9　行动与自由 063
10　玩乐 070
11　语言游戏 076
12　时间 081
13　科学与知识 090
14　真理 104
15　尺度与比例 111

16　相似与模仿 118

17　生命 126

18　大自然 134

19　必然性与偶然性 140

20　技巧与技术 146

21　社会、机构、国家 154

22　价值与金钱 165

23　惯例与社会 176

24　道德与伦理 183

25　法律 192

26　文本与阐释 199

27　城市 206

28　历史 213

29　历史上发生了什么？ 223

30　文明、文化与宗教 231

31　宽容与多元化 240

32　人与世界 248

前　言

> 哲学研究并不是去了解人的想法，而是去发现事物的真理。
> ——托马斯·阿奎纳，《论天注》，第1章22节

　　本书基于给非哲学专业学生开设的"哲学导论"课程系列讲座，不过哲学专业师生和普通读者也可把它当成面向多彩哲学世界的导论。

　　同其他许多科目一样，今日的哲学也有纷繁多样的发散主题。没有人能读完现在所有的哲学期刊和哲学出版物，所以哲学讨论在此过程中分裂成了各种学派和圈子，变得越来越模糊，更难去教授。为此，我试图避免传统的"哲学史"教法，而是倾向于从一个不同角度来介绍哲学问题。虽然我确信在哲学教学中哲学史将会继续占据重要地位，但我认为把这个课题介绍给今天的学生并不那么好。

　　哲学史代表了大量有价值的正面知识，可以进行教学、解读、考试。但这也可能会导致初学者认为，哲学与其他学科一样，基本上就是一大堆知识。正如植物学家关心植物一样，哲学家关心着哲学家，关心着其思维的发展和彼此的争端。如果在大量的历史阐述中没有留下一些哲学家的观点和信念，哲学研究和讨论也就毫无意义。剩下的只是一堆人名、传记资料、智者之言（"人不能两次踏入同一条河

流""认识自我""我思故我在""上帝已死"），名言辞藻华丽，但作为可以帮助我们批判性地关注生活和世界的工具却是百无一用。这样一来哲学很容易成为专家们的封闭学科，他们已经学会了一切，而且只是沿着那些确定的方向展开研究。但要这样的话，为什么我们还要烦扰其他学科的学生呢？

　　最近一些正面的发展成果鼓舞了我，我想要介绍基于哲学论题和主题的哲学思想。我所采用的方法是现象学，即对我们的经验进行特写分析，但我会尽可能用简明的语言来表达，而非诉诸术语。我们将会看到，本书不仅涉及男女两性本身，而且人类的经验、行为、知识和思想全都可以成为出发点。例如，与科学哲学或语言哲学相反，我们关注的重点在于哲学如何有助于人类在世界上作为自然的人、历史的人、社会的人、道德的人的发展。

　　这样我们就可指出哲学与人类智力劳动中其他分支之间的关系：主要是科学，但也包括艺术、技术、法律、宗教。我所追求的目标是向学生展示哲学问题无处不在，并鼓励其他学科的学生学会哲学思考。因此，对于那些经典哲学主题，如存在和意识、精神和物质，我只会略微提及。而在另一方面，我则大胆地纳入了其他学科的话题，如语言学、历史学、社会学和法学等。

　　多年的教学实践告诉我，相对容易理解的文本的问题在于读起来不用费力去思考，书中内容就像缓缓的流水，在读者心中激不起一丝波澜。所以我在每章结尾都列出了几道思考题。虽然它们与每章内容有关，但大家却无法从文中找到答案，而是必须自己去思考。

2012 年 10 月写于布拉格

1

哲学：介于科学、艺术和神话之间

> 艺术、宗教和哲学只在形式上有所不同，其目的是一样的。
>
> ——黑格尔

当我们感到饥饿或者急需某些东西的时候，我们几乎无法谈论或者想到别的什么事情。当我们牙痛、感到害怕或急着赶往某地时，谈论会完全停止。但是，偶尔当我们并不急需任何东西，也不急于赶往某地，在这种时候，可能就会有哲学，但也可能没有哲学，毕竟我们有多种方式来打发这些自由时间。通常我们的第一想法仅仅是"消磨时间"，也许是阅读报纸，玩填字游戏，或者看电视，打游戏，上网聊天，不知不觉时间就溜走了。为什么我们会试图"消磨"空闲时间呢？就像我们会因为害怕而杀死狮子或蛇一样，我们也害怕空闲时间。毕竟，空闲时间并不像我们想的那么简单。空闲意味着独处，那些不知道如何独处的人可能马上就会受不了。我们就像一个烟鬼，偏偏在周日晚上商店都关门时抽完了仅剩的最后一根，这种感觉就像是戒断症状，既焦虑，又无聊，所以我们会不停地去咬手指甲，或者是用手指去敲桌子。我们会非常想消磨时间，但却又不知道该怎么做。

小哲学：
如何思考普通的事物

要是已经是星期一就好了。

古希腊人有一句话来描述这段空闲时间，即"我们不必去某地也不缺东西"，他们称之为 *scholé*。古罗马人采用了这个词，其他人也都遵循了古罗马人的用法，直到后来 *scholé* 演变成现代语言中的"学校"（school）一词。所以学校应该是我们喜欢去的地方（无论这听起来多么有讽刺意味），那里是一个不需要急着赶往那儿，不需要害怕什么，有着时间和闲暇去思考的地方。但你见过这样的学校吗？反正我是没有。然而，这却是每所学校都应该是的样子。这怎么可能？怎么会这样，从可用于思考的空闲时间，从 *scholé* 一词，我们可以最终与学校（这个学生和老师相互惹怒、不胜其烦，或是担心考试的地方）联系在一起？如果我们想要找一个与 *scholé* 对应的现代词语，那应当是"假期"，而它则与"学校"恰恰相反。这是怎么造成的呢？

很有可能这与处理人生中闲暇时光的艺术手段有关。这种手段是，既能消遣闲暇时光，同时又确保它不会变得空洞、乏味、令人厌倦。最有能力管理闲暇时光的是小孩，他们能够从最平凡的事物中感受到乐趣，路过的一辆车，飞过的一只昆虫，躺在地上的一块石头，对小孩来说都算得上是事件。但随着时间流逝，年龄增长，孩子们越来越习惯于这样的事情——"我看过，我做过，这没什么大不了的。"而我们大人又在这方面为他们提供了强有力的支持："怎么又是这辆车？""是有只苍蝇在乱飞，那又怎样？""不要再问这种傻问题了，留心前方，不然你会跌倒的！"

"留心前方，不然你会跌倒的！"不论听起来有多么奇怪，哲学史却是始于这样一个微不足道的故事，它是关于古希腊哲学家泰勒斯的。故事讲述了他如何在走过庭院时，由于过分专注于看星星而不小心掉进井里。他被一位女仆救出，女仆嘲笑他过分关注天上却没有留心脚下。泰勒斯是怎么回答她的,故事里没说。很可能他当时并未想到合适的回复,而只是很高兴能被拽出井外,但他却似乎没有从这次不幸中学到任何东西。毕竟,如果他放弃对星星和世界奥秘的兴趣,只是学会安全地走过院子,现在我们就不太可能会知道关于他的任何事情。很多人都知道如何安全地走过院子。

我们很可能永远都不会知道泰勒斯对女仆说的话。但在两百年后,古希腊哲学家柏拉图最终找到了答案。柏拉图的回答让人非常惊讶,表面上看就像是一句废话。他写道,所有的哲学都始于好奇心。如今看来柏拉图当然是位伟大的哲学家,但他这句话是不是太过极端了呢?当然,哲学是那些亲切的长胡子怪人的领域,他们对普通而实用的事物少有兴趣(或者是缺少这方面的才能),却为那些没有人担心的问题大伤脑筋。哲学难道不是与智慧和智者相关联吗?智者难道不是洞察一切、饱经世故,再也不会对任何事物感到惊讶的人吗?难道他们应该像孩子一样,对每一样微不足道的事物都感到无比惊奇与诧异吗?当然不是。

可以肯定的是,柏拉图的表态是认真的。事实上,柏拉图在表态时很可能正在思索着泰勒斯是如何惊讶于天空的奥秘。且慢,天空中能有什么奥秘?难道不就是成年累月、反反复复的相同模样?是的,这正是使泰勒斯和他的学生阿那克西曼德困惑的东西。自古以来世界各地的人们都知道,太阳早晨升起,傍晚落下,从日出到傍晚的时间是白天,之后是黑夜,白天之后是黑夜,黑夜之后又是白天。人们一直都知道,向来如此,也将永远如此,我们必须相应安排事务,所以当太阳下山时我们不会滞留于荒野。我们觉得这是非常简单自然的,所以当我们想要表达某件事是肯定的时候,就会用到"黑夜之后必是黎明"这样的说法。

小哲学：
如何思考普通的事物

但在很久以前，甚至是在阿那克西曼德之前，就有人意识到这一点根本不是确定的。那些认为这是确定无疑的人是愚蠢的。当然，如果路上有块石头，昨天就在那里，无疑明天它还会在那里，除非有人把它捡走。但太阳并不像石头一样不会移动。它在不停地运动，每过一分钟就会出现在不同的地方。它像动物一样，像生物一样在运动。太阳每天早上出现在东方的某个地方，然后升高到天空中（夏天甚至会升得更高），接着又朝地面下降，直到晚上终于落下，无影无踪地消失在地平线下。它是如何在次日早晨再次出现在天空另一边的呢？在此期间它又存在于哪里呢？发生了什么？明天会再发生同样的事情吗？总得这样发生吗？如果明天太阳不再升起，那可怎么办？

如果明天太阳不再升起，那将是我们所有人的末日。因此，早在数千年前人们就开始关心太阳为何升起。而且因为太阳的升起对他们来说是一件很重要的事情，所以他们也关心需要做些什么来确保它会继续升起。他们的观察和思考产生了古老的神话。根据古希腊神话，太阳是太阳神赫利俄斯的火力战车，赫利俄斯每天都会驾着它穿过天空，然后在晚上沉入大海进入冥界，让烈马在那里休息，第二天赫利俄斯把马套在车上，再次驾着它横跨天空。人们不会轻信这个故事，所以神话又讲述了赫利俄斯把马借给他的儿子法厄同的故事。法厄同无法控制烈马，烈马受到惊吓，最终车毁人亡。在那之后，赫利俄斯明白，他不能把战车借给其他任何人，这样他才能在第二天准时驾车升空，正如昨天以及几千年来的每一天一样。但是，如果人们冒犯了赫利俄斯，又有谁知道会发生什么事情呢？

泰勒斯的女仆很可能小时候就听过这样的故事，并记得只要她对赫利俄斯举止尊敬，那么他每天都会驾着战车出现，所以也就无须担心明天太阳是否会升起。泰勒斯本人可能也听过这个故事，但由于某种原因，他对此并不满意。也许是因为他也听过其他神话，那些神话用别的方式解释了太阳的升起。或者是因为如此重要的功能竟依赖于某位个体（哪怕是位不朽的神），这让泰勒斯感到奇怪。太阳在天空中如此有规律地运行，难道不是表明着其他什么吗？

今天的我们只把赫利俄斯和法厄同的故事看作是神话，一个或多或少有点有趣的儿童故事，而不会傻到真的去相信。跟泰勒斯的女仆一样，我们并不关心明天太阳是否会再次升起。当孩子们问起我们这个问题时，我们会有一个很不同的解释。这个解释不如故事有趣，也更难理解，它涉及很多抽象概念和词语，如"重力""动量""行星系统"。我们只得向他们解释实际上是地球而不是太阳在运动，虽然看起来并不是这样。听到这种解释，女仆一定会大笑而去，就像我们对法厄同的故事一笑了之。

但是，这两者是有区别的。如今我们对星星、地球和太阳了解更多，那些详尽的知识会使泰勒斯感到非常惊讶。即使那些在学校里毫不关心天文学的人也知道，我们有好多关于天文学的一整本一整本的书，并有人将其大部分时间都用来去认识、测量和观察太阳。我们称这些人为科学家。这些科学家也许可以向泰勒斯和阿那克西曼德解释为什么太阳会每天升起，甚至能对太阳出现的时间精准地预测到秒。科学家能够告诉他们太阳的寿命、能量来源、年龄等一大堆不可思议但却或多或少有用的信息。

可是，科学家能够将这一切解释给像泰勒斯的女仆这样的人吗？几乎不可能。他们很可能会在科学家有机会发言之前就直接嗤之以鼻。试图教给他们关于太阳的任何事实都会被他们当成耳边风。即使一个好的天文学家能够给出可以理解的解释，能与泰勒斯和阿那克西曼德、柏拉图，以及小孩子们展开有用的对话，这些人也会像泰勒斯的女仆一样一无所获。且慢，科学家，哲学家，小孩子——这难道不是一个古怪的群体吗？初看起来可能是。但我们只需记住柏拉图关于哲学起源的说法就一切都说得通了：这些都是有好奇心的人。

哲学与科学之间还有一个相当简单的联系。正如泰勒斯的兴趣和半信半疑产生了天文学，我们所说的科学实际上大都来自原初的哲学问题。在人类历史上，哲学一直是科学的苗床，是某种致力于提供使科学成为可能的所需条件的"科技园"。如今，科学已经成为人类活动的一个分支，雇用着数百万人。与任何其他类型的工作一样，人们也可以单纯地将科学视为工作，即谋生的方式之一。但当我们思考泰勒斯与科学家之间的对话时，我们自然就会想到对某些科学家来说科学并不仅仅是工作。只有这样的科学家才能理解孩子（或哲学家）们的问题并以一种孩子们能理解的方式去回答。这些科学家之所以能做到这一点，是因为他们的科学体系内依然保留着产生科学的哲学能力：理解力和好奇心。

我们已经看到，哲学也是有源头的。哲学家所提的问题（例如，太阳明天是否会出现以及为什么会出现），以前都是由神话来回答的。科学是哲学的后裔，哲学则是神话的后裔。我们知道，父母与子女之间的关系往往是对抗性的；十五岁的孩子试图脱离父母，与他们变得不同，靠自己立足。神话、哲学与科学这三者之间的关系也类似于此。最后产生的科学经常想要否定其母亲。在科学看来，哲学古老的智言听起来非常空洞。科学似乎想要抛弃所有哲学，尝试发明些东西，测量些东西，证明些东西，就像我们的科学家所做的那样。

这就是历史的正义，哲学如何对待神话，科学就如何对待哲学。古希腊哲学的繁盛代表着哲学对神话的青春期叛乱。古希腊哲学家无情地公开揭露神话的不足之处。据他们所说，神话只是胡言乱语，完全无法对结果提供原因。神话无法区分真相和纯粹的幻想。神话强加给人们某种世界观,阻止人们去了解事情的真相。这使得赫拉克利特认为荷马应被驱逐和鞭打。

虽然上面所说的这一切可能都对,但它们却也都有些流于表面。在这之中其实隐藏着更深层面上的相似性,事实上,有个玄奥之物连接着神话、哲学和科学,那就是对世界、对事物本质的好奇和惊讶。看到大多数人看不到的东西并感到惊奇,这种基本能力便是神话、哲学和科学三者的共同之处,艺术也是如此。同哲学一样,艺术也有其神话来源。但与哲学不同,艺术从未对它的这一起源感到羞耻。与艺术不同,哲学和科学已经迈出了重要的一步。毕竟,只是对我们所在的世界感到好奇是不够的;人们也被赋予了思考、观察、评价的能力——我们传统上称其为"理性"。因此,人们理当试图以某种方式去理解和表达他们所看到的东西。而也正因想要以一种他人能够理解的方式去领会和解释事物,哲学、科学也就与艺术和神话分离开来。

所以说,哲学介于科学、艺术和神话之间。历史上有很长一段时期,虽不存在哲学,人们也照样度日。也有平静的时期,世界没有大的变化,人们靠着从祖辈那里传承下来的智慧过活。在这段时期里,人们可以愉快地走过庭院,致力于经营农场,唯一需要关心的就是不要掉进井里。然而,历史上还有其他时期,那时一切似乎都在变化,突然之间,孩子们不再理解他们的父母,父母也不再明白他们的孩子。在这种时候,我们别无选择,只能是去用心思考,寻找新的问题,以及对问题的新答案,因为原有的答案已不适用。我们不是不再理解它们,而是对它们不再感兴趣。我们不是认为旧问题是错误的,而是认为它们不再是我们的问题。正是在这样的时期,神话首先出现,后来又产生了哲学,跟着哲学又转向了科学。正是在这样的时期，我们找到了今天的自己。我们不知道自己注定要走向何方。那些不知所属的地球人正是煽动者容易下手的猎物，煽动者会用各种各样的"答案"来诱惑他们，驱使他们从事最可怕的活动。我们在20世纪一再看到这种现象。而事情之所以会如此的部分原因就是，人们不停地奔波以过上一种舒适的生活，但却没有时间去思考。

而也正因如此，我们才需要学会思考，这样我们才不会再以相同的方式被虚假的承诺所迷惑。现在，我们可以用两种方式来学会思考。我们可以通过研读历史的方式来学会思考，也就是倾听并阅读世界上所发生过的所有有趣之事。或者我们也可以通过学习游泳或骑车或弹钢琴的方式来学会思考，也就是进行实践。思考（哲学思考）可以用这两种方式来实现。人们可以了解古代（以及不太古老的）哲学家所说的话，也就是学习哲学史。这非常有价值，也很有趣，但却有一个比较大的缺点。学习哲学史很容易最后变成对事实的无意识积累：名字、日期、座右铭和"著名思想"。在这个过程中，我们失去了最重要的一点：学会思考。正因如此，我们在这里选择了另一种方法。我们会通过思考一些普通的事物来学习如何思考。我们挑选了许多重要主题并会对它们逐一提出问题。所有这些主题都是相当简单明了，乍看起来似乎并不值得一谈，而我们的目标就是要证明这种看法是错误的。事实上，最普通也是最日常的事物中往往隐藏着最大的奥秘。如果你认为生活的奥秘只能通过异国旅行或摄入某些药物来破解，那你就是一个沉闷的人、不会留心观察事物的人。如果你在此时此地看不到什么奥秘，那么你在西藏也不会发现它们。但若你已学会去观察事物，那你也就学会了哲学思考。

历史上所有的哲学家都坚信，哲学是这个世界上最美丽的事物。但与任何有意义的人类活动一样，思考哲学不能以懒散笨拙的方式进行。这需要时间，只属于它的时间。看电视时不能思考哲学。玩手机时不能思考哲学。上网时同样无法思考哲学。想要思考哲学，你必须全身心投入。想要学会哲学思考，需要头脑清醒、精神集中、不辞辛苦、持之以恒、兴趣盎然。而哲学家则会告诉你，哲学思考从来都不会让任何一个人失望。

思考题

- 你知道哪些神话故事？它们都是关于什么的？它们想要告诉我们什么？
- 神话与童话有什么区别？神话与诗歌、文学和戏剧有什么联系？
- 哲学是如何与神话区分开来又是如何批评神话的？两者分开后会丢失什么重要的东西吗？
- 科学与哲学有什么不同？科学的问题有哪些？这些问题是关于什么的？这些问题有没有忽略什么？
- 试着比较一下对同一事物（如太阳、地球和人类）的哲学解释和科学解释之间有何不同。

2

我们怎么看怎么听

> 哲学的任务就是认识世界。
>
> ——黑格尔

我们说过,不拘在任何地方对任何事情都可以进行哲学思考。那么我们从哪儿开始呢?要不就从此刻我们面前发生的什么事情开始着手如何?我们很快就会谈及这一点,但请先退后一步看看我们面前有什么、怎么看?我们怎么看?当然,这根本不是个问题。我们有两只眼睛,它们的功能犹如一台摄像机,帮我们照下周围环境的立体照片。我们有耳朵,能听到声音,即空气中的压力波。我们有嗅觉和味觉,对人类来说,除了吃饭以外,这二者倒不像对动物那样发挥很大的作用。我们还有触觉,能感知物体的表面。我们有一定的方向感,有上下感,有平衡感。我们有神经系统,能通过身体来传递信息。最后,我们有控制中心,即大脑,它能像电脑一样来处理所有这些信息。

这就是我们在学校里学到的东西,如果我们愿意稍加思考,这就会成为我们的想法。大多数时候,我们忙于生计,并不会花许多时间去思考这些事情。但此刻我们正在尝试进行哲学思考,这就意味着我们有时间来思考这些问题。就让我们从视觉这个最常见也是最不神秘的感官开始思考吧。我们很清楚眼睛如何运作，并掌握有一些关于视觉信息是如何接收、传输到大脑并进行处理的知识。我们知道，对人类来说，视力是所有感官中最重要的一个，是接收和处理信息最多的感官。因此，动词"看"有着广泛的含义。我们可以说"我想去看看巴黎"，而不用说"我想去巴黎旅游"。如果我们与某人辩论某事，结果我们是对的，我们就可以说："看见没？我是对的。"

但是，我们实际上看到了什么呢？这是另一个问题。我们能看到我们面前的事物、我们注意去看的事物。当眼球的晶状体将图像传送到视网膜时，我们会看到多种颜色的点。但等等——这里有些东西不对劲。晶状体传送到视网膜的事物可以描述为各种形状的多色点，某些较浅，某些较暗。但我们睁开眼睛时看到的却并不是点而是物体。我们即使只是看着纸上的墨迹也会看到某种图案，有人可能看到动物，有人可能看到汽车，还有人可能看到梨，等等。有基于此的各种心理测试。只有在某些罕见的情况下，当我们发现自己看着一无所知的东西（它们与墨迹不同，似乎并没有自然地形成任何图案），我们才会说只看到了点或污迹。这会发生在我们看 X 光照片或复杂电气图示的时候。在这种情况下，也可以说我们什么也没看见。那么这些点和污迹又是什么？我们可以从中学到什么？这又能说明些什么问题？然而，有经验的医生看到的就不是点，而可能是脊柱骨折。这并不是因为他的视力就比我们好（他和我们一样会看到点和污迹），而是因为他受过专业训练，能看到骨折。这可能就像我们还是孩子时练习去看卧室里的东西一样。

视网膜上的多色点形成后，突然之间我们就看到了物体。我们在看二维照片时也能看到物体。这些物体是从哪儿来的呢？让我们再来

小哲学：
如何思考普通的事物

看个例子。我走进厨房，看到餐桌已经摆好。桌子上有餐盘，我可以立即看出它们是圆形的，即使视网膜看到的是椭圆形的。我前面的桌子是长方形的，即使视网膜看到的是梯形。你可以说这只不过是透视造成的扭曲现象。但若没人告诉我这一点，那我就会觉得我看到的桌子真是直角的。我不可能用射影几何学（投射几何学）的方法去消除透视变形，任何这样尝试过的人都会告诉你这有多么复杂。所以我们并不会去进行修正，至少不会有意识地去这么做，但我们会看到餐盘是圆形的、纸张是长方形的。

你走进学校的教室，会看到桌椅。如果有人问你，你可以很容易地计算出桌椅有多少张。但只有当你仔细去看，你才会发现其实看不到任何一张完整的椅子。椅子靠背的一部分会伸到桌子上方，椅子腿也是只有一部分在桌下可见。但这并不会让你在计算椅子数量时遇到任何困难。你甚至也不会想把同一张椅子的不同部分算成两张不同的椅子。你就是知道，扶手和椅子腿是同一张椅子的不同部分，虽然你看不到椅子中间的部分。

但是，这种看似简单的"操作"，这种我们每天都会进行几百次、甚至想都不会去想一下的类似行为，实则是一点也不简单。当科学家试图让电脑复制人类的行为时，我们就会明白这一启示。你可能听说过工业机器人。还有比这更为复杂的机器人，内置电视摄像机和电脑，其职责就是弄明白站在它面前的是什么（专家称之为"场景"）。令科学家们感到惊奇的是，机器人很难将"场景"与多色点的组合区分开。事实证明，机器人只能分辨少量的物体，而且它们必须形状简单，比如是立方体、圆柱体、棱锥体。如果场景中有很多的物体，或者物体的形状较为复杂，那么机器人也就完全无法去完成这一任务。即使是一台电脑，也必须设法提前知道在环境中将会看到什么。光有一些单纯的点是不够的。

　　大多数情况下，我们都是在我们所了解的环境中展开行动。即使我们走进一个陌生人的房间或另一个城镇，我们看到的也是熟悉的事物。所以，"看"这个行为主要实施在我们已经认识的事物上。如果我们发现自己面对的是一无所知、从未见过的事物，我们就会本能地去试着将它与已知事物进行比较。当美洲土著人第一次看到火车时，他们称之为"铁马"；当他们第一次尝到烈酒时，他们则叫它"火水"。出于同样的原因，今天我们仍将加油站的加油机称为"加油泵"，将手持的电脑控制器叫作"鼠标"。我们这样做是因为"看"这个行为主要在于识别我们已经认识的事物而不是去探索未知事物。这也是为什么我们经常会忽略和误解已知事物，而也正是这一弱点使得各种错觉、戏法和诈骗有机可乘。骗子将一堆纸张裁成与纸币相同的大小，在顶部和底部放置两张正常尺寸的纸币，然后捆在一起，就像银行职员所做的那样，受骗者就会"看到"一沓钞票。在戏剧舞台上，用一些道具和画布就足以使观众"看到"一个村落或一片热带雨林。这也能够解释为什么某些白人会认为所有的非洲人或亚洲人都长得一样（反之亦然），因为他们无法区分不同的面孔，而只能看出对方是个"非洲人"或"中国人"。

　　校对工作也为我们提供了一个很好的例子，可以用来说明我们不一定能看到投影到视网膜上的事物。如果你没有接受过如何做校对工作的培训，那你通常也就无法看到拼写和其他印刷错误（即打字或排印错误）。你会"正确地"读到似乎本该如此的文字，哪怕单词有丢失的字母或完全拼错了。显然，这并不是晶状体或视网膜本身的差错。如果你不幸视力受损，那你自然会有阅读障碍，但这种障碍则是无论单词拼写正确与否都存在的。而本能地去"纠正"错字或其他打印错误则进一步证明了，我们确实会经常"看到"只是有意去看的内容，或者是实际想要看到的内容。

接下来我们再来说一下听觉。有人教过我们，人可以听到声音。这句话说得没错。

你坐在敞开的窗户边，听到有人走过时用口哨吹着《黄色潜水艇》。让我们假设你不是一个音乐家，对音符一无所知。你写不出《黄色潜水艇》的音符，也不知道它是什么谱调，所以你不会听到或识别出单个音符，而是会听到《黄色潜水艇》的整首曲子。即使将它从原来的谱调转换为较高或较低的谱调，你也能识别出来；即使不是从头开始听，你也会识别出来。但像《黄色潜水艇》这样的歌曲时长有几分钟，严格来说，我们不可能"听到"整首歌曲——每时每刻我们都只能听到一个音符或和弦。然而，我们并不会用记住所有音符的方式去听。我们只是耳闻并辨认出整首歌曲。再举个例子。隔壁有个男孩正在学钢琴。他弹的是《雅克兄弟》，但每次他都会弹错第三节的某个相同音符。当你连续第五次听到他弹错时，你几乎就要发火了。为什么我们会有如此强烈的反应？虽然男孩从未弹对过，但我们又是如何知道他弹错了呢？而且这为什么会让我们变得如此恼怒？

一辆汽车正在沿着街道行驶。车子快速移动，但我能清晰地看到它。而且我同样可以清晰地看到这辆车的背景是静止的街道（不像摄影师要调整镜头来拍出清晰的汽车和模糊的背景）。我能看到车子在运动，但时时刻刻车子又总是在某处；同样，胶片也会捕捉到静止的车子，这是为何？只有当我查看胶片时，我才会看到流畅的运动形态——从静止的图片里看到。

视觉和听觉是我们身上最重要的两个感官，它们具有非常不同的特征。我们可以朝向某个方向观看，甚至可以闭上眼睛。相比之下，听觉则是全方位的，就是在睡觉时它也不会完全关上。如果它真关上了，闹钟也就无法将我们叫醒。视觉是一种主要的活跃感官，而听觉则更像是一种"防守"用的感官。这就是为什么语言里除了"看到"以外，还有"去看"这种说法，以及"目不转睛"与"瞟了一眼"这样的说法。与此不同的是，听觉则与两个方面有关，即专心和恭顺（例如"在学校里要好好听老师话"）。这方面有趣的一点是，猛禽具有高度发达的视觉，而被其捕食的啮齿动物和其他动物在它们的生活中则主要依靠听觉。视觉创造了关于我们周围世界的图案，而听觉则是言语的感官，为的是便于彼此之间进行沟通。其他感官（嗅觉、味觉、触觉）则与这两种感官完全不同，康德认为这三种感官是"短程"感官。我们无法对这些感官的信息量进行哪怕粗略的估计，因为我们不知道该如何去衡量它们。它们不像视觉和听觉那样对人类意义重大，而只是给世界留下一些关于事物的印记。我们很难相信会有什么东西是既不能闻、不能尝又不能触摸的。

观看无声电影或声音调低的电视，会给人一种怪异的体验，而这则正是因为我们看到的人物是"哑巴"。同样，在黑暗中听到声音也会让人感觉异样甚至有些不祥，哪怕是在我们最熟悉的地方。这是因为我们明明听到有声音却什么也没看到。在正常情况下，我们不会分开去注意到声音和图像，我们会同时耳闻并目睹。两者中无论缺少哪一个，我们都会觉得有些不自然，有时我们会觉得滑稽可笑，有时我们则会感到莫名恐惧。所以我们对声音和图像的任何"分离"都非常敏感，例如，一部配音拙劣的电影。

小哲学：
如何思考普通的事物

❧ 思考题 ❧

- 举例说明在什么情况下我们会"什么也看不见"。
- 在这种情况下我们应该怎么做？应该如何适应环境？
- 当我们学习新的字母表时，如希伯来文字母表，我们会有什么变化？我们会看到同样的东西吗？
- 关注一下现场音乐、录音与再次录音之间的区别。为什么有些当我们在听录音时会感到烦扰的声音，到了现场表演时却根本不会注意到？
- 我们经常听到人们使用"假"这个字，如"这是假的""一次假体验"等。我们什么时候会这么说？为什么会这么说？你是否有过这种真实体验？你又是如何应对的？

3

感知力与注意力

想象你正在家里坐着,电视机就嵌在对面墙上书架上的书中。电视开着,但你在看书或做别的事情。突然,电视里传出一声刺耳的尖叫。你扭头望向屏幕,电视画面吸引了你的注意力,于是你就开始看起了电视。过了一会儿,你有可能会失去兴趣并对自己说"没什么好看的",或者你也可能会沉浸到故事中。如果故事特别惊险和吸引人,你很快就只会"看到"屏幕里的画面,就好像你自己也在故事里。只有当故事全部结束后,你才会揉揉眼睛,瞧瞧书架,瞅瞅书本,再看看电视。但若你尝试回忆故事中的某个场景,那个场景就会出现在你眼前,但却不会带着周围的环境,虽然你的视网膜确实曾经记录过那些环境的存在。

当我们全神贯注地去检查某种微小物品,如一枚硬币、一张邮票、一只蚂蚁或一个手表零件时,我们会拿着它尽可能地靠近眼睛,因为眼睛本身具有极宽的视野。然而,即使在 20 厘米之内,我们的视野仍然很宽:约 60 厘米 ×30 厘米。如果我需要将注意力集中在一个更小的区域,那么眼睛里的晶体就帮不了我,因为它既无法变焦,也无法在小于 10～15 厘米的距离内进行对焦。在这种情况下,集中注意力能起到"变焦"作用，发挥出真正的奇迹。比如你打开一个手表，一开始几乎什么都看不到。但过上一会儿，你就会看到轴承，并开始区分某些形状。如果你继续保持注意力，你可能会看到小于十分之一毫米的微小细节。这时只有电话铃声才足以摧毁魔法，使你不得不重新开始。不过有了之前的经验，你第二次观察时的速度有可能会变快不少。

　　注意了，刚才你就是在集中观察视野中的某个区域，也可能是在设法控制镜头的聚焦。这可以说是基于与照相机的自动对焦相当不同的原理，因为眼睛不会发射任何控制光束。也许这是基于反复试验的结果，但肯定是在潜意识里发生的；我们只是到处看看，而眼睛就会自动聚焦。只有当因为丧失灵活性而无法做到这一点时才会需要用到眼镜。而眼镜除了机械地缩短或延长眼睛晶状体的焦距也并不会"做"什么事。

　　即使在嘈杂的环境中，我们也可以跟得上另一个人说的话，尽管他的声音会比"背景"音弱上许多倍。如果记录下这样的对话，这段对话就会很难让人理解，而所有让人分心的噪音则会变得更加突出。所以说录音是一种艺术。在直接沟通中，我们也可能会用到其他感官。唇读不仅能帮助失聪者，就连听力正常的人，如果能看着说话人移动的嘴唇，也能理解得更好。我们能够从各种混杂的声音中分辨出我们感兴趣的声音，这既可以是一个人的说话声，也可以是管弦乐队中的某种乐器、口哨声或沙沙声，最后一种声音能够帮助机械师诊断发动机的故障所在。我们是如何做到这一点的呢？

　　感知并非一个简单的过程。任何感知与录像或录音之间的相似之处都是极其表面的。我们的感官不仅仅是录音机或传感器，我们也不是录音或录像设备，设备只会忠实地记下所有的声音和动作。即使感知行为正在发生，我们也能过滤看到和听到的内容，以及扰人的背景音。这种行为完全不像录音技师采用的过滤机制：我们并不是根据声音的音高或来源进行操作的。只需稍微努力一下，我们就能在非常嘈杂的环境中进行对话；就像在其他场合一样，我们也会忽视或误听最关键的事物。这就是为什么我们会对虚构的侦探们印象深刻，因为他们擅长发现别人忽视之处。魔术师也会在表演中利用这一点，他会用左手的动作转移观众的注意力，让观众不会注意到他用右手从袖子里扯出了一个乒乓球。我们的聚焦力、专注度和注意力在这里显然十分关键，换句话说就是，我看我想看且听我想听，我不看我不想看且不听我不想听。

我们非凡的感官，尤其是奇迹般的聚焦，必定是在与我们现在的生活完全不同的环境中演变而来。相比于比方说在家中阅读时而言，在室外我们往往会望着远方去看更远的事物。因此，众多城市居民都需要眼镜。我们的注意力和聚焦力的天赋，也是在刺激较少的环境中发展出来的。就在一百年前，鲜艳的事物（如花、鸟、宝石）非常罕见。大多数事物都是灰色、棕色和绿色的。此外，自然界的运动往往也很温和：树木迎风摇曳，流水潺潺，云卷云舒。鸟儿会在我们头上飞翔，我们能在林中瞥见某只动物。如今，我们周围的环境则是没完没了地给我们灌输无数多的刺激物。我们很会利用感知力的天赋，但却经常都是用于竞争之中。色彩明艳的空间、震耳欲聋的声响、闪烁的霓虹灯招牌，所有这些事物都会吸引我们注意。不只是广告牌、电视商业广告，还有报纸和杂志、产品包装、服装、香水、化妆品，所有这些事物都在抢夺人们的注意力，同时降低人们对不太刺激事物的感知力。看电视成为我们一天生活中的高潮，它是对注意力最有效的诱饵，它能将观众紧张的知觉降到只剩一点点。已经完全习惯于

小哲学：
如何思考普通的事物

"把注意力放到电视上"的人们几乎不会注意到现实中存在的事物，因为比起荧屏，现实显得不够那么明亮鲜艳，移动得更慢慢吞吞，而且也不够激动人心。我们可能最终会变得像青蛙一样，据说青蛙根本就察觉不到静止的事物。而那些提供这些明亮闪烁、吸引眼球的事物的人们，也就能够随心所欲地操纵我们。

❧ 思考题 ❧

- 注意观察你在某一时刻真正听到和看到的事物。
- 最能吸引你注意力的是什么？
- 忽视或者不去注意某个事物是什么意思？没有注意到或者忽略了某个事物又是什么意思？
- 你如何知道某人的注意力被某个事物所吸引？
- 描述一下你在超市、书店里的行走路线和浏览杂志的方式。
- 广告是如何迷住我们的？
- 你会做什么来吸引某人的注意？

4

事物、词汇、名字

> 那人便给一切牲畜和空中飞鸟、野地走兽都起了名。
>
> ——《创世记》2：20

之前我们已经确定，我们能够看到和感知到"事物"：我们能看到一张桌子，我们能看到天空中的太阳，我们能听到救护车的声音。这些"事物"来自哪里？摄像机无法识别它们，机器人也极难认识它们，然而人类却不由自主地就会看到这些事物。即使我们不记得一个事物叫什么名字，我们也能看到它并会指向它。当我们看到一张显微照片、X光照片或是一幅抽象画时，某种程度上我们可以说是"什么"也没看见。如果我们想要记住所看到的事物或向别人描述它，那么首先就要命名那些线条和颜色的混杂物，将其分解成能让我们联想到其他事物的部分，这些部分才会变成具体的"事物"。多年前星座正是以这种方式被命名，如今每个孩子也仍在用这种方式去描述天空中云朵的形状、天花板上的污渍、墙上灰泥的裂缝。就想想旧地图是如何把欧洲描画成女王的吧：西班牙是其头部，意大利是其右手，捷克人则至今仍在骄傲地宣称自己"处在欧洲的心脏地带"。

当我们置身在熟悉的环境中，周围事物就会主动"映入"我们眼帘：桌子，椅子，盆栽植物，地毯。然而，这些事物包含整体中的各个部分：桌子包含桌腿、桌面、（有时还有）抽屉。为什么我们是整体地看到一张桌子，而不是看到每条桌腿？这可能是因为这些部分都连接在一起——你只能将整张桌子从一处移到另一处。并且我们可以清楚地辨认桌子的功能，知道为什么需要它，知道要用它来做什么。而制作桌子的木匠则很可能会将桌腿或抽屉视为独立的"事物"。

这是我们从小就习以为常的环境，我们也是在这样的环境中学会去了解世界；换句话说，这个世界也就是我们的家，在那里我们认为布置事物的各种方式是非常简单直接的。如果有人要我描述我家厨房的样子，我会马上说有一张桌子、一个厨灶、一个水槽、一个储物架、一个冰箱、三把椅子、一条长凳。这些都是可以挪动、与周围环境分离、能看成独立个体的事物。我可以说还有窗户、灯和门，虽然这些事物无法轻易挪动。这份事物的清单绝对不会是无限的或特别"主观的"。你在酒店房间的墙上也能找到这样的清单；工厂里的每样"事物"都有一个库存编号，会计部门也会有同一份清单。

其余的呢？墙壁和天花板，它们也是"事物"吗？也许是的。如果一个年幼的孩子注意到厨灶的表面有划痕，或是地毯上有点绒毛（这是成年人不会去注意的事物），会怎么样？那是什么？"嗯——我怎么跟你解释呢——这并不是什么东西。"答案并不像乍看起来那么愚蠢。一个划痕确实不是一样东西。还有那点绒毛，那是一样东西吗？它没有任何意义，而且本不应该出现在地毯上。正如我们被问及今天报上有什么新闻时，或在工作中、上学时做了什么，我们总是会回答"没什么"，这实际上是指"没什么特别的"，没什么值得提及的，没什么可以记录或描述的。毕竟，古希腊语中 *logos* 的意思是"单词"，也是"感觉""理性"。就连"事物"这个词也不仅仅是代表你可以握在手中的东西，而更重要的则是代表我们感兴趣的东西、我们关注的东西、我们正在谈论的东西。

所以在厨房里有一定数量的"事物"，并不意味着厨房看起来就像一间仓库。这些事物中也包含其他一些用品：厨灶上有一个炉盘，有一个集成灶，桌子有一个放刀具的抽屉。此外，这些事物是以某种方式布置的，你可以将它们彼此联系起来；它们都占据着指定空间。水槽上有陶器货架，冰箱上有放面粉和糖的层架。所有事物都有它们的归属之地，而大家也都明白"把它们收拾好"的意思。在这之中，我们一家人都能找到自己的解决办法。我们都有自己最喜欢的或者至少是习惯性的地方，如果我们需要什么东西，我们很清楚要去哪儿寻找。"我们的厨房"不仅仅是一堆事物（数学家可能会称之为"集"），而且还是它们所包含的部分、它们如何布置、它们之间的关系和空间的总和。比如锅和刀具的摆放处，洗餐具之处，爸爸最喜欢的座位，狗通常睡觉的角落。年幼的孩子对于保持这种习惯的秩序非常敏感，同样，老人也不喜欢去改变习惯。

在我们度过童年的环境里，我们最早都是去学习认识事物：桌子是什么、椅子是什么、菜擦子是什么、茶壶是什么。顺便说一句，当我们在学习这一切时，我们往往都是坐在桌子旁。对我们中的许多人来说，这张"我们的桌子"会是桌子的最佳实例，它会比其他桌子更像桌子。随着时间推移，开始出现其他"事物"，其中一些并不严格地相互分开，另有一些无法明确勾勒的事物，一些不能拾起或从一处挪到另一处的事物，如台阶和街道、树木、花园、天上的云彩、地上的水坑和路面。接着就会开始出现那些真正需要加上引号的"事物"，实际上它们并不是什么事物，如风雨、寒热、昼夜，以及欢乐和愤怒。

小哲学：
如何思考普通的事物

但到那时我们已经知道，为了能够谈论某些事物，那些事物必须有一个属于它们自己的名字——所以我们就得给它们取名。

我们很早就明白爷爷奶奶的屋子里有张相似的桌子，到处都有桌子，所有的桌子都是桌子。突然之间，这个词并不仅仅是某个特定的事物，它还是很多其他的事物，也许还是它们的集合物。这就是我们成年人所谓的"概念"。一个概念在所有情况下对我们所有人来说都是或多或少相同的："桌子"一词，不仅用于我们面前就有一张时，而且用于一张也没有时，如我让人"拿张桌子来"。而地理学家则将隆起的地域称为"高原"[英文中的"高原"（tableland）一词是由"桌子"和"陆地"组成的]。

前面我们在讨论我们是如何去看时，只是说到我们能看到事物。这没错，但却只是部分正确，并且只有在能够非常直接地看到时才正确。通常我们之所以会在具体情景中看到事物，主要是因为事物在发挥作用即对我们有用，否则我们可能根本就不会去注意它们。所以椅子的定义不仅描述了其外观，还描述了我们可以坐在它上面这一点。当我正在寻找一个可坐之处时，我很可能会注意到它。但同样的椅子也可另作他用。当我们还是孩子时，我们可能会像骑马一样骑着椅子跑。如果没有桌子，那么我可以把盘子放在椅子上。椅子还可用作锻炼时的支撑物，或者是酒吧斗殴时的有效武器。生活中还有许多类似的例子。进入蛋糕店，我看到的不是碳水化合物，而是蛋糕和点心，因为我不是去分析它们的成分，而是去满足我对甜食的渴望。但若我过度贪食甜品，我就会对它们失去兴趣，甚至还可能会在一段时间里觉得这些东西令人厌恶。

蛋糕也可以用其他方式来改变其原本的含义。如果它掉到地板上，它就会突然变成一团黏稠物，变成某些人可能连碰都不想碰的一堆垃圾。科学家会让我们认识到这仍然是同一种物质，只是有点溅污了，但它已经在新的情景下被赋予了新的意义。年幼的孩子首先领会的事物的价值就是，什么东西都可以拿来玩耍。纸板箱可以是房子、床和汽车——需要什么就是什么。反倒是一辆漂亮的电动玩具车没有这种普遍性，因此也就不太有用。若是情况需要，这辆电动玩具车也可以用作一张桌子或一艘船，但我们首先得把它的轮子拆下来，这样才能更好地实现这种功能。

重要的是，事物可被赋予不同意义，我们是在跟事物的意义而非事物本身打交道。这使得我们能够了解儿童的游戏、事物的诗意及其象征用途，以及戏剧和宗教的象征手法——无论在哪里日常事物都可被用来表示不寻常之物，以获得不同于它原来的意义。文化和文明中也充斥着这样的象征物，它们因为习俗的存在而被赋予意义。如果一名警察问："难道你没注意到什么吗？"对刚刚闯红灯的司机而言，警察问的不是云彩、树木、路过的漂亮女人，而是他过十字路口应该注意到的绚丽的交通信号灯。因为交通信号灯的存在不是为了给路人带来消遣，而是赋有规约意义，例如红灯表示"停"，绿灯表示"行"。同理，汽车左侧保险杠上闪烁的琥珀色光芒并不代表开车司机对其他司机的问候（尽管布拉格的电车司机会这么用），而是表明这位司机在有机会时想要尽快左转的意图。

我们在很大程度上都是通过事物的意义来了解世界的，而这有时则会使问题变得复杂化。对不同的人来说同样的事物可以有不同的含义，所以我们只能通过当事人来验证意义是否一致。谁知道在某个特定时刻，一盒火柴只是一盒火柴，还是会是一艘船或一辆汽车。即使去问正在玩火柴盒的孩子，你可能也不会得到明确的答案。因为儿童（成年人也是）喜欢在事物的多重意义之间进行切换。这也是许多笑话的来源。例如，一个疯子正在遛一支皮带上的牙刷（他叫它"罗弗"），喊它快点走。受过心理学训练的监狱长想要与他对话便询问那只狗怎么样了。疯子冷漠地否认了对"罗弗"的说法——为什么？因为随便谁都可以看出那只是一把牙刷。在监狱长听不见他说话的地方，疯子扭过头说道："罗弗，我们今天戏弄了他！"

　　这种带有意义和歧义的游戏非常有意思，但当我们想要有效地传递具有特定目的的精确信息时它们就会成为障碍。这也是为什么科学与日常生活不同，科学试图设法"控制"词汇的含义并引入明确的术语，这些术语不依赖于情境和我们可能会玩的游戏。回想一下上面提到的罗弗那个故事你就会明白，想做到这一点并不难：只要剥夺事物的意义并视它为原本那样。但是，失去了刷牙这个目的，牙刷又是什么呢？巴西热带雨林的当地人又会怎么看？举一个离我们的家更近的例子，看看你家菜园里生长的各种蔬菜：羽衣甘蓝、卷心菜、花椰菜、大头菜和上帝知道的其他什么东西，从植物学角度来看，这些都是同种"东西"：芸薹属植物，即野生甘蓝的栽培变种。你可以试着向蔬菜水果商或厨师说明这一点。反之，园丁可能会用"杂草"一词来概括的所有植物，到了植物学家那里则会被严格地区分为数十类不同的科属种。他们中哪一位是正确的？什么又是"一类的东西"？

　　我们可能不得不承认，这两者是同样东西的不同含义。科学分类法有其特有的规则，这些规则独立于日常情景，而且有时还会与日常情景形成鲜明对比。由于科学对术语的意义总是极度重视，所以术语在烹饪或园艺方面的用法也就可能会有所局限，但这些意义和术语是清楚（所有优秀的植物学家在特定植物面前都会使用相同的术语）且精确的（上述植物学家会很小心地把该特定植物与所有其他类别的杂草区分开）。较早的科学，如植物学，是基于日常观察的出发点而使用了已经存在的词语，只是人们给这些词语赋予了更加精确的意义。然而，这一方法却可能会导致科学语言与日常语言之间的分歧。经历过这种混乱之后，科学开始依靠不常用的词语或外来词语（物理学术语会借用古希腊语词汇或者干脆直接编造新词，植物学和动物学术语则会借用拉丁语词汇），以防造成误解。

使用精确而不含糊的术语是一种简单有效的方法，它能使我们在特定领域找到正确方向，就像在自家厨房中一样轻松，而大多数人也都是在那儿最早开始理解"概念"。捷克作家理查德·韦纳（Richard Weiner）将这些术语比作别针，因为它们能把事物放置在其自身位置上。这也是为什么每个领域的科学都必须首先对其领域进行盘点，划定范围，并为该范围内的所有事物引进术语。而也正因如此，你才可以轻松地将专家与外行区分开来。如果你打开汽车的引擎盖，我们大多数人可能都会指向"下面那个黑色的东西"，而机械师则会干巴巴地说出那个魔术般的词"配电器"。外行需要面前就有"这个东西"时才能指出来，而专家则在任何情况下都能正确地指认它。如果你从来都没有必须去应对这样一个领域，而且该领域中也不存在这样一系列词汇，那你就会很难理解这些术语多么有用。

科学努力使其所用术语变得严密精确，这也就使得它们与日常生活中所用的名称和词汇在性质上有很大不同。首先，不存在互相交换词汇的可能性。法律、政府、行政等领域的目标也是与此类似。简言之，在普通话语中，我们的主要目的是要知道自己想要表达什么并将其成功地传达给别人。如果我妻子要我拿把椅子，而我只看到一张凳子，我就可以猜想应该怎么做，或者进行提问。在这种情况下，她对椅子的表述不精确，这并不是一个问题。相比之下，科学（如法院或行政机关）就承担不起任何这类臆断的后果；它们应该清晰地表达其陈述,以便每个人都能理解。这就使得人们努力去创造和定义术语以消除任何歧义。由此所有相关事物都可被精确地列出或指出,或者下一个精确的定义,将整个世界分为两个部分:椅子和非椅子。科学术语实际上极其类似于数学集的直观概念。普通词汇可以突出表明给定对象的典型特征(狗有四条腿、会吠叫;有的狗根本不叫这件事则无关紧要),而科学或行政术语就必须说明条件和限制范围。我们有时也能区分某个术语的"内容"和"范围"。其中范围往往是定义的难点,因为很少有明确的范围。这方面的例外可以在法律术语和行政术语中看到,它们都会将这一点考虑在内,如"1951—1962年间出生的人""艾塞克斯的永久居民""15~25人的公司"。

科学术语有很多优点:简洁,严密,精确。或多或少清晰的定义可以节省大量谈话和描写,并且这些术语还有可能被普遍传达和解释,而这则可能是因为它们无须借助我们的主观体验。我们可以再来看一个植物学方面的例子,这门学科并不算太抽象。在植物学指南中,我们能够辨别的一棵树会被分入维管植物、种子植物、木兰植物、双子叶植物中的一种,并可被描述如下:"小叶椴树(心叶椴)耐寒、每年落叶,叶片交替排列、缠绕,呈圆形至三角状卵形,长宽均为3~8厘米,除了叶片脉腋上的小簇棕毛外基本无毛。体型较小的黄绿色两性花开于初夏,3~16朵为一簇,叶状苞片花序。"这当然是一个很全面的描述。如果你面对着一棵树,不确定它是否为椴树,这一描述就会有助于你进行辨别(假定你知道一些基本的植物学术语)。

但要是你不知道什么是椴树,这一描述可能就不会对你有太大用处。既然不知,你又怎么会用得到它?而且除非马上就要参加植物学考试,否则你也不会对它感兴趣。我们大多数人都知道椴树是什么样的，但我们是用一种不同的方式去认识的。比如，走过公园时，我们看见一棵美丽而挺拔的树。此时阳光明媚，树上花团锦簇。它有一种美妙的气味，我们靠得更近一点时，可以听到蜂群被香味吸引而忙乱的嗡嗡声。那就是我们第一次认识椴树。后来，我们在秋天和冬天则看到了有着不同外观的椴树，所以现在哪怕它是棵枯木我们也能远远地认出它来，只要看到它的树冠和树枝、树皮和树根的形状。之后，如果我们无法确定或者是混淆了两棵不同的树，那么植物学描述就会很有用，但在此之前这些描述并没有用。

如果你把一个孩子带到河边，给他看鸭子的一家，那个孩子就会立即理解"鸭子"的概念并会开始追问相关问题。这些鸭子中哪个是妈妈、哪个是爸爸？鸭子住在哪里、吃什么、什么时候睡觉？如果你问他，鸭子的喙在哪儿，他会毫不犹豫地指向自己的嘴巴（大多数成年人也会这样做）。那么，鸭子的翅膀又在哪里呢？他会抖动自己的手臂。这一点非常符合进化生物学。孩子已经熟悉了鸭子这种生物，而且也感觉到了它们与自己之间的联系（这一点他是很自然地猜到的），于是也就把问题集中到了这个方向上。这也是通常人们了解新事物的方式：将它们与已知事物进行比较。孩子们经常会将自己作为比较的入手点。科学不赞成这种特殊的探索方法，这被称为"神人同形同性"（拟人观或人格化）。只要人们确信人与动物之间没有联系，这种反对就可以说是合理的。然而，现在我们已经认定人类是大自然的一部分，与动物有很多共同点。既然如此，通过我们与动物之间的共同点去了解动物又有何不对呢？

🌿 思考题 🌿

- 思考一下我们称为"事物"的一切,它们有共同点吗?
- 我们说,有时事物会从周围环境里主动"映入"视线。这有时会是个问题吗?为什么士兵要穿迷彩服?
- 你是否有过这种经历:必须给某个不熟悉的事物命名?
- 我们的祖先又是如何应对这种情况的?你能举例说明吗?
- 在什么情况下,你可以说某个词语是样"事物"?
- 交通信号灯之类的标志物与厨房里"普通"的事物有什么区别?
- 解释一些科学术语并说明它们是如何来源于日常体验的(例如几何学中的"弦"、机器中的"起重机"、法"人"、图表中的"分支")。注:英文中的"起重机"(crane)与"鹤"的拼写相同。
- 术语的定义与日常使用的意义有何区别?你能给桌子下个定义吗?
- 为什么我们有时会谈论某个词语的"客观"意义?

5

语言与思想

> 我的语言的界限就是我的世界的界限。
>
> ——维特根斯坦

在哲学这门学科之外,人们很少会去讨论事物和意义,但我们作为学生时都曾学过有关语言的知识。因此我们对语言都有一些理论上的了解,下面我们就来看看这方面的情况。首先,我们已经学会将语言等同于沟通和传递思想。这似乎很有道理,尽管有点狭隘片面。因为如果我向你问路或诅咒你下地狱,那我并不完全是在传递思想。其次,我们将语言与一套语法规则联系起来,这套规则会立即出现在我们的脑海中。但是,我们一开始学说话时并未学习任何规则。要到正式入学后我们才会开始学习语法规则。我们说话时当然应该以正确的方式去说,但这并不意味着我们依照语法规则就能建构话语。最后,如今很多人对语言所持有的观念中都充斥着一些计算机隐喻,如编程"语言""信息"和"编码"等。因此,为了更加接近语言的本质,我们必须采用不同的方法去理解它。

正如浪漫派诗人所说,到达高山之巅的人只能"无言"地站在那里。强烈的体验或情感（无论它们是让人害怕还是无比美好）、想法、思索、发现，所有这一切最早都是"无言"的。只有当我们从最初的刺激中恢复过来开始仔细思考才会涌现语言，因为这种感觉或想法一开始就像一道闪电。正如"现象学之父"奥地利哲学家埃德蒙·胡塞尔所说，"最开始"，我们眼前的一切纷繁复杂。为了理清这一切，人们必须尝试去一个个解开谜团。但你不能用感觉或想法去解谜，而只能用言语和术语来实现。

我们已经说过，与思维或想法一样，体验本身也是同时包含一切的。它由许多事物和成分组成，并包括对其他事物的参照和各种关联。"仔细考虑并整理"的意思是从一端（或从头）开始分割成分，这些成分彼此相互独立却又彼此联系，从而使得整个结构最后分成各个部分但又能像珠子一样串在一起。因为只有这样我们才能开始谈论起来，更不用说写出来，而这则绝非易事，就像一路旅行看风景，既不错过每一个景点，同一个地方又不能去两次。我相信你们都见过一些刚刚感受过强烈情绪的人，他们无法将自己的情绪以别人可以理解的方式描述出来。他们不知所云，说话含混不清，前言不搭后语，没人能听懂他们想要表达的内容。只有在情绪平定下来后，他们才能将重要的事实与相对不太重要的事实区分开，然后平定思绪，向别人描述他们的感受，因为他们自己也是直到这时才开始理解自己刚才的情绪。

我们想到什么主意就用词汇和术语将其传递给他人——思维的开端并非如此。它不像编码和发送消息。早在述说言语和传递信息之前，思维就需要进行表达。我们想用思维"明白晓畅地表达"事物，就要将其分解打散并按某种顺序加以梳理：重点为何，孰先孰后。只有以这种方式理顺了想法，想法才能被称为思想，因为在首次加工的过程中，许多原本巧妙的想法都会像泡沫般爆裂，由此我们才会发现它们并不是一些好的想法，而是一些错误的或者单纯的思维垃圾。

从体验或想法到羽翼丰满的思想的旅程是漫长的，需要下很大工夫。这一点对诗人、音乐家、技术人员和哲学家来说也都同样如此。只有当旅程终止、工作了结时，我们才会清楚这是否值得一试。由于那些我们未能晓畅表达的想法可能并没有多少价值，所以它们对我们来说也就肯定没有太大用处。爱因斯坦曾说，科学家的工作包含10%的天赋和想法，以及90%的努力和苦功。所以每种创造性工作都要掌握合适的语言用来进行上述90%的工作，这一点非常必要。音乐家的语言是乐音，数学家的语言是符号，而对哲学家（诗人也是一样）来说则是我们在日常生活中所用的平实语言。

我们所用的语言有给定不变的规则。除了拼写，还有其他一些更基本的规则。我们成句地说话，这些句子由词汇组成。每个单词在句子中都有其作用，我们不能用任何老办法去组合它们。"狗正在奔跑"是一句话，而"狗猫"就不是。我们能够认出各类词性："狗"和"猫"是名词，"跑"和"正在跑"是动词。句子要完整就必须包含动词（谓语）和名词（主语）。如有必要，这两个部分还可以通过添加其他词语来加以扩充，例如，用别的名词去作宾语或补足语，用形容词去作定语。同时，语言还可以用巧妙的方式摒弃规则。有句谚语叫"多多益善"（the more the merrier）。这句谚语没有主语、动词和宾语，但却是道理浅显，通俗易懂。这也是正确的句子吗？这样的句子又遵循了哪些规则？

我们直到在学第二种语言时才会有意识地去理解一套语言规则。而我们自己的语言，即母语，则是我们在学习说话时偶然学会的。这是因为规则不仅支配着语言，还控制着思维方式。本书开头曾经谈及我们是如何感知"事物"的。虽然其中某些事物是实物，如椅子、勺子，而其他的则不是，但从语言角度来看，它们都是以相同的方式呈现的，即用名词来描述。我们已经说过，没有词汇也就无法谈论任何事物。所以从我们睁开眼睛的那一刻起，甚至是我们对世界的看法都会受到语言和语言规则的束缚。即使我们不是在谈论我们所看到的东西，我们周围的世界也依然是通过词汇和名称展开的。听力损伤比失明对孩子的心理发展有更严重的影响，这一事实有力地阐明了语言与思想乃至智力之间的联系。虽然视力是我们的主要信息来源，但言语却是我们思考的基础，而言语则通常都是从我们耳闻及组织声音的能力发展而来。听力受损的儿童要学习作为替代的手语进而形成一般的思维方式，这要困难得多。这些儿童在学会手语之前都会存有一定的缺陷，因为他们不仅很难与人沟通，而且更难形成思想。

与电脑打过交道的人有时会轻信一种单纯的错觉，认为语言是一种纯粹中立的工具，只是为了用来使我们能够表达或"编码"我们脑海中的东西。而事实上，语言在很多方面都会悄无声息且微妙地引领我们，让我们以某种具体方式去与人进行交谈。每种语言都有其语音系统，即发音的"字母表"，使用某些发音，而不使用另一些发音。你可以观察一下那些在学习说话之前尝试各种声音的小孩，是如何逐渐掌握相关的语音系统而不再使用其他声音的。

然后是词汇，每个人在使用特定语言时都会有一套特有的词汇，不同个体的词汇量大小和范围也会有所不同。我们经由阅读和学习得到充分扩大的个人词汇量或个人言语方式，也会显著地影响我们的思维——如果我们没有词语去称呼或唤起某种事物，那么除非它就出现在我们面前，否则对我们来说这一事物也就不存在。甚至并不那么显而易见但却格外有效的是词语串联成句的规则、词语的搭配组合、词性、短语等。然而，这些规则并不是由一个人或一群人有意识地创造出来的，而是在很长一段时间内由匿名者不断缔造的，这也就好比我们的思维过程行进的轨迹。因此，这些规则中保留着我们祖先思维方式的痕迹，而且它们依然会引导我们继续前进，而我们中的某些人则会去扩展、充实和重塑这些词汇，不论他们是诗人还是哲学家。下面我们来看一些例子，语言结构将会告诉我们思维过程的特点和手段有什么，以及过去的语言结构又是如何的。

语言使我们能够以某种方式去表达我们所看到的东西。如果我看到一群乌鸦飞过，我必须将这一整体体验划分为名词"乌鸦"，"飞行"的行为，也许还有"乌鸦是黑色的"等。需要注意的是，我们看到的从来都不是乌鸦"本身"，而是伴随着它在进行某种行为的情景，语言迫使我们以这种方式去解析原本作为整体的体验。语言如此成功地做到了这一点，以至于我们甚至都不会想到要用其他方式去表达。不仅是语言，而且也是我们的思维，创立了诸如"X 在做 Y""Z 是 W"这样的一些形式。

与某个名词相关的特性可以直接由这一名词来表达。或者事物的特性可以由特定的名词来表达。有些语言会直接通过名词的不同形式来区分有生命的物体和无生命的物体。这一点相对还算容易理解。相比之下，名词的语法性别才是真正的难题所在。与现代英语不同，许多其他语言中都会区分阳性和阴性（也可能有中性）的名词形式（如德语中的阳性、阴性、中性冠词 der、die、das，法语中的阳性、阴性冠词 le、la）。这样的区分似乎关系到我们的语言起源，以及语言对每个新人类来说的起源，那就是家庭经验。在家中，"男人""女人""小孩"的分类是有意义的。但一旦我们离开了家这一港湾，这种分类法就会变得很成问题。

虽然许多语言都会区分性别，但是各种语言应对这个问题的方式却是有所不同。讲母语者清楚地知道一个名词是"阳性""阴性"还是"中性",这是很自然的,而且这个人在这方面也不太可能会犯错误。但在我们说外语时,这就是一个十足的雷区。谁能记得,捷克语里的中性名词"太阳",在德语中是阴性的,而在法语中则是阳性的?结构主义民族志学者在描述原始民族思维中的古怪"逻辑"时解释说,原始民族的世界不可避免地被分为对立的物体、动物、植物等,有相当复杂的规则来说明什么属于哪里,什么可以和什么结合,什么与什么又是相互排斥的。我们应该从中得出的结论是,语法性别是前理性思维的残余,是我们古代的祖先认识世界的踪迹——而且这种原始踪迹对我们今天的思考和说话方式仍有很大影响。

但我们周围的事物并非一成不变。有些事物会自行移动和变形,有些事物则会被我们移动,被制成别的东西,被拾起,被使用。毕竟,之前我们在谈到名字时曾说过,我们把对自己有用或与我们有重要关联的所有事物都称为"东西"。而这种基本的关联则由另一种词类动词来表示。在日常话语中动词可能是句子中最重要的部分,正如我们在句子中所看到的那样,主语仅在形式上被称为"它":"它在下雨",或者在语法上根本就没有主语:"走!"留意一下动作、变化、活动的哪些特征重要到可以直接隶属到动词的特性中。

让我们从最基本的类别开始:人称。"人称"这一表述可能不是很准确,因为语言并未区分是汤姆、迪克还是哈里在做某事,但它又确实区分了我、你、他三种人称。真有这么大的区别吗?科学语言或行政语言几乎只使用第三人称,从这一点来看,似乎人称并不那么重要。但语言为所有的可能性都做好了准备。在最基本的语言情景即对话中,人称被用来表示三种基本角色:谁在说话(我)、我在对谁说(你)、我说的是关于谁的(他、她、它)。毕竟,单是人称的改变就会使得话语的内容和意义有天差地别。

　　让我们来看一个简单的例子:"他是个小偷"这句话我们经常都会听到,所以往往也就会对其并不在意。无论它是事实还是诽谤,说这句话都不需要很大的勇气(因为"他"很可能不在场),话语本身也不会改变情况,提及的这个人也不会戒除偷盗行为。然而,若将句子改为第二人称,就会产生一句我们大多数人生怕过分坦率或粗鲁而不敢说的话,因为这样你就必须考虑到对方可能的回应甚至报复。而用正经的直陈语气说"我是个小偷",我们大多数人可能从来都没这么说过或听人说过,因为这极为罕见。如果真有人这么说,他们很可能是一个圣人或神经病,他们通过这么一句话来抵达其人生的某种转折点。

　　因而,当说话人和某人谈论某人或某事时,语法上的人称就能表现出基本的言语情境。人称的存在是因为这三种角色既有不同,地位亦不等,而人称则能表达这些角色之间的根本区别。在英语中,唯一保留独特形式的人称是第三人称单数,这很有趣,似乎英语想要强调这是最不同的人称。同样,在涉及某种问题、责任或承诺时就能说明"我"与"我们"之间的区别,如"我们保证……我们不允许……我们确保……",政客们每天都在说着这样一些话。当然是"我们",为什么不呢? 但是,"我"呢? 为什么只是我?

　　印欧语言中不能缺少的一个重要类别就是时态。德语中的"动词"叫 das Zeitwort,其字面意义为"带有时间的词语"。时态表达的是说话的时间与所述动作实际发生的时间之间的关系。有些时态体系也包含一种用来表达两个动作之间的关系或区分完整和不完整动作的时态。根据对语言的观察,时态也是我们思维的基本类别之一。如有疑问,就请考虑一下"我曾有""我有""我将有"之间的区别,第一种和第三种表达其实暗示着"我现在没有",这听起来可能有些自相矛盾。人称这个类别有明确的划分，而时态则不然，不同的时态有可能重叠，但却不会相互影响；每种时态表达的含义都会略有不同。例如，使用未来时态可以表示一定程度的不确定性："从这儿到市中心？那将要整整半个小时。"

每个语法类别都能表明抽象思维的伟大功绩，它们会撇开不同点而强调共同点。例如，语言会关注到某些对称的动作：马正在拉车，车正在被马拉。这是由动词的主动和被动语态来表示的。我们还可以在各种语言中观察到占上风的趋势是规律性，只有最常见的（很可能也是最古老的）动词才会保持烦琐的不规则性，有时它们甚至是来自不同根源的不同形式，例如，英语中的"是"（be）动词的变形：是（to be）、我是（I am）、我曾是（I was）。语言抽象化的最大成就之一无疑就是否定。否定看似简单易行且又如此普遍，但它实则只发生在思维的范围内并蕴含着许多内在的难关。例如，虽然否定句（如"没有在下雨"）里没有事物的"原型"，但它却唤起了我们能够感知到的事件或状态，而这种事件或状态在当下则是不存在的。

在哲学上，亚里士多德发现了语言结构与思维规则之间的直接联系。如果我们把他的术语等同于语言里的说法，那么他的思维体系中有相当一部分就可以被充分理解；例如，亚里士多德所谓的"物质""附属品"就分别与名词和定语性质的形容词有许多相似之处。而逻辑学就正是来源于这项发现，这也是从哲学中分离出来的第一个学科，它独立发展，用从哲学这个出发点得出的结果、陈述、解答来创造自身的成长条件。亚里士多德学说的这个方面，正是20世纪初维也纳新实证主义者的出发点，也是现今英语世界内最普及的哲学学派语言哲学的起点。

❧ 思考题 ❧

- 观看一幅风景画,试着描述一下你所看到的内容。你会从什么事物开始描述,为什么?为了做到这一点,你需要什么?
- 在整理想法或体验的过程中,知识如何能帮助我们?外行与专家有何区别?
- 为什么语言要区分事物(即名词)、动作(即动词)、特征(即形容词),等等?这种区分是基于什么体验?
- 在英语中,"人"(man)一词既指男性又指全人类,而在德语或斯拉夫语中则并非如此。这一特例可能与源自英国的女权主义运动有关吗?
- 语法中的人称表达的是什么?单数和复数表达的又是什么?

6

世界中的人

> 醒着的人共有一个世界,睡梦则使每个人进入自己的世界。
>
> ——赫拉克利特

早上醒来,睁开眼睛,我可以看到周围熟悉的事物:家具,植物,窗户,书籍。这是我的世界。在这个我知道如何进入的世界里,我非常熟悉那些事物,"因为是在自己家,所以无拘无束"。非常年幼的孩子还不知道有其他世界,七老八十的人则觉得待在自己家里很安心。如果由于某种原因我必须在酒店或别人家过夜,那我就需要花点时间来认识自己身在哪里——但这也是世界。我穿好衣服走出家门去上学或上班,有时我也会去探望他人,去别的城市旅行,去海边度假,所有这一切也成为我的世界,它们相互堆积融合,于是我的世界也就变得越来越宽阔繁杂。我在学校学过,世界其实比我上面所说的还要广阔,其中有我从未去过的地方,它们可以延展到海底、热带和极地。我知道这些都是我们生活的地球这个星球的一部分。晚上仰望夜空,我可以看到月亮和星星,那是我这辈子都不会去造访的宇宙,但它们也依然是世界的一部分。

哲学意义上的世界从早到晚、从童年到成年都与我们同在，它是我们清醒意识下的存在——我们永远都无法摆脱它，除非是我们睡着了、晕过去了或者喝醉了，此时我们会暂时摆脱意识。我们遇到的一切，我们需要或关心的一切，我们试图避免的一切，都存在于这个世界上。前面我们已经提过，当我们的注意力集中时，事物和意义会主动"映入"视线。但若离开常见的背景它们就无法被叫作"事物"，即只有在地上、在空间中、在光线照得到的地方，我们才能看到、听到、感觉到它们的存在。捷克哲学家扬·帕托切克（Jan Patocka）留意到捷克语中 svět（世界）与 světlo（光亮）之间的联系。我们可以设想一个场景，一只兔子被一辆朝它驶近的汽车的前灯给吓呆而无法跳入黑暗去自救。即便是对这只兔子来说，这个世界也只存在于有光之处。古希腊人称世界为 cosmos，意为"美丽""称心""有秩序"。它在拉丁语里叫 mundus，意为"整洁"。它在德语中是 Welt，相当于英文中的 wealth（财富）。所以说，这难道不是一个不错的哲学术语吗？

世界不是事物杂乱无章的堆砌，而是有组织和有规则的。这不仅适用于我们的家、花园和公园，而且也同样适用于垃圾场。我的世界必不可少的中心是我自己。这一点不可避免，但却并不一定就代表了自我中心主义，虽说很容易出现这种倾向。"我"不是在世界上像个幽灵般自由浮动，而是总在某个身体内，总是同一躯体。这就是我的优势和立场。我们应该考虑到这一点，明白他人是从别的立场去看待事物，所以他们的结论就会与我们有所不同，所以我们也就无法去轻易改变他们。"我"意味着始终是"我——这里"，或者就像我们稍后将会看到的"我——这里——现在"。

事物总是会有上下起落，地球引力使我意识到并注意到这一点——如果我对事情下一步将会怎样发展暂时不太确定，比如在雪崩时，我就可以投下某样东西，看它掉落的方向。起和落之间的差异对人类来说非常重要，人类对自己的直立姿势尤为感到自豪，不像别的四足亲缘动物，它们要竭尽全力才能离开地面。我们在无数的隐喻中使用诸如"高""低""上""下"之类的词语，而并不是指单纯的空间方位。想想"动机低劣""力争上游""下等社会"等说法。"下"意味着向下沉降，每况愈下，可能会落到地面甚至地底；"上"则代表更高的地位，更多的权力，更靠近太阳和天空。

我们的身体构造为人类所独有，人类以此来对世界做出回应；让我们与动物进行一番比较。前面我们已经提到过人类的直立姿势，虽然这使我们没有山羊或狗那么灵活，但我们却能看得更远更广，并解放了我们的双手另作他用。不像动物的眼睛通常位于两侧，我们的眼睛是向前看的，因此虽不看向侧背面，但空间上的视野却要更优越。不像猪和大象的鼻子、鸟或昆虫的喙，我们的嘴并不起眼，也不适合捡拾食物，因此我们必须用手或刀叉进食。然而，我们却可以处理不能直接进入口中的一切，将它们粉碎、切块、煮沸、烘烤等。我们的眼睛向前看，因此人类可能是唯一能看到所吃东西的生物。不知你有没有观察过，乌鸫因为看不到啄食之处而挣扎以食？我们人类在眼前的空间里可以用手。手的技能独一无二，既能捡拾和传递东西，还能拿起东西进行观察。因为有手眼协调能力，所以我们能最大限度地集中在某个小区域内（无论是成人的工作台还是孩子的沙坑）并发挥出我们的能力。在这方面，没有动物能与我们相比。

跟大多数动物一样，我们的身体也是向前的。这是我们最常移动、查看、抛掷、思考的方向。"前进"这个词也有很大的隐喻潜力。我们用"更进一步"来描述进展。我们向前迈进并以这种方式去看待生活。过去已落在"背后"，而那些尚未发生的让人期待、渴望或恐惧的东西则在"前方"。

这样一来，我们所说的"空间"也就展开在我们面前，从最近处到最远处，只要是在视力所及范围。超过那一范围我们就看不见了。空间有上下、远近、左右，通过欧几里得、笛卡尔、牛顿的抽象化和巧妙的简化，这被描述为"三维空间"。笛卡尔发现，每个可能的方向都可被描述为三个基本方向的组合；如果我们走路上山，那么方向就是向上又向前的。"空间"如此被简化之后，也就可以用数学来表达，在空间内进行数值运算。接着，这种几何空间就会变得普遍化，不再与我们身体的方位相联系。因为我们在世界上和空间中并非孑然一身，这里面也生活着其他人，所以我们会与他们邂逅、协作或较量。正如赫拉克利特的名言所述，"醒着的人共有一个世界"。但我们又知道我们每个人都有自己的世界，这个世界的中心自然是自我，那么"共有一个世界"又是怎么回事？

我们并不是只身孤影地进入这个世界，而是借由他人的努力，进入他人之间。父母期待我们降临到这个世界上并会接着照料我们多年。此外，人这种生物为了生存已经适应了群居生活。因此，与他人的交流对我们来说至关重要。但若我想与人进行有效的沟通，就必须弥合我的世界与对方世界之间的差别。如果我们相互面对，我的"右边"就是对方的"左边"，与我更接近的则离对方更遥远。只有并肩站在一起，我们的"世界"才会大体一致。想要传递经验和知识的普遍欲望迫使我们发展出抽象思维能力，这也为人类所独有。但我们会对什么进行抽象化呢？首要的就是我们自己、我们的观点、我们的身体方位和我们的人。一句话，从我们看待世界的方式到世界真正的运转方式，概莫例外。幸运的是，我们感知事物的方式正是抽象化的基础。

之前我们已经说过，我们如果集中注意力，就能意识到我们在

小哲学：
如何思考普通的事物

用透视法去看待世界和其中的事物。对于"画出房间内部"这样一个任务，现实主义画家和大多数成年人都会在纸上绘出类似于照片的内容，即采用透视法，越远的东西画得越小，平行线会相交，角度会出现各种扭曲变形。然而小孩或中世纪画家则会用截然不同的方式去完成这个任务。他们想要画出"正如本身"的东西。最大的东西并不是离得最近的，而是最重要的东西。视图内要给房子画出四面墙，因为虽然我无法同时看到四面墙，但我却知道它们确实存在。盘子要画成圆形，这是当然，因为它原本就是圆形的。某个事物阻挡了视线，要呈现这一点有困难，因此如果可以的话，会尽量安排成全是可见的。请注意，这样的画作体现不出艺术家的视角，因为他或她画出的只是事物本身，而非事物在视线中所呈现的模样。

这显然是一个出人意料的发现，因为画出"我所看到的"本应是最简单的。但这却也正是问题所在："我究竟看到了什么？"或者说，我对看到的体验或记忆是什么样的？从我看到的视角去画房间并不容易，需要受过一定的专业训练。我们中很少有人可以自信地完成这一任务。所以小孩只会画事物的原貌（同中世纪画家一样）。他们的目标不是描绘世界，即投射到视网膜的空间，而是想要去描绘事物个体、它们的安放关系，以及我们是如何记住它们的。

如今的成人仍有同样的问题，但却可能会选择不同的方法，比如进行抽象化，画出平面图或鸟瞰图。这并不是他所看到的样子，因为这将需要穿过天花板从上往下看，但这却仍是在试图表现情景"原貌"。图中有桌椅门窗，一切都在正确的位置，尺寸也按相同比例变换。而且，这样的图示对每个人来说都是一样的。由于每个地点的透视图都会有所不同，所以我们每个人看到的房间也都不同。但鸟瞰图对每个人来说则都一样，所以如果我画错了什么，谁都能加以纠正。

就像我要与人交流时，赫拉克利特的"共同的世界"并不是按回忆来建构的。就像我们的体验和知觉一起运作，使我们看见和生活的世界可以与人共享。这种对体验的去个性化的能力，也是"客观科学观"的形成基础。

只要我们是清醒的，我们周围的世界就会一直伴随我们左右。我们无法摆脱周遭世界。毕竟，我们的身体稳固地存在于世界上，我们体验生活时会发现更多的世界并与它们交织在一起：从身体到发型、服装、珠宝、配饰，以及家具和居所。随着年龄增长，我们会依恋数不清的事物；你可以说我们"渐渐爱上了"它们，同样它们也依赖于我们。我们的世界一直与我们同在，但我们与世界的关系却是每次都可能会有所不同。德国哲学家海德格尔认为，这其中最常见的是用具关系。一早醒来，我们会迷迷糊糊地穿上拖鞋去洗手间进行梳洗。我们寻找牙刷或剃须刀，拿起擦脸的毛巾，放上水壶烧开水。这种情况下的"世界"由卧室、浴室和厨房组成，放置着我们所需的物品，这些物品都有其一定功能。除此之外的事物我们并不关心。许多人可能都无法说出他们拖鞋的样子。只有拖鞋穿坏了，不能再用了，他们才会真正留意到。只有在原有的位置上找不到牙刷了，牙刷才会引起我们注意。直到这时我们可能才会想要知道牙刷实际上是什么样的。

在我们使用大量用具的地方，如家里或工作场所，我们会依照个人特色对我们所用到的东西进行布置。浴室、厨房、车间和办公桌都有其"主人"的明显痕迹。每个家庭都有其住户个人特点的印记。曾和我一起在金器车间工作的一位雕刻师以他井井有条的工作台而出名——在触手可及处，凿子被放置成完美的半圆形，并且每一把总是放在同一个地方。喜欢恶作剧的我们有时会试着破坏这一完美的秩序。而每次他都会发一通牢骚但却不去整理归置就直接开始工作。起初他不得不四下寻找工具，但不到半个小时，工具就会回归它们原初的位置。秩序不是表面上的（仅在桌子上），而是在我们的脑海中，从思维进入到世界（放到桌子上）。

如果我们进入刚刚过世者的屋子，那么这个人和他最熟悉的环境之间有趣而亲密的关系将会变得更加明显。屋里一切照旧，只是创造和保持这种安排方式的人、使这些东西存在于此的人已不复存在。真人"生活"的世界与物品无生命的组合不同。打造成"典型农庄"的各种露天博物馆，放有华美陈列品的城堡和宫殿，以及名人纪念馆——敏感的人立即就会察觉到，没有人会真的居住在这样的环境中。

还有一种与世界的联系，它具有科学家从事研究的特点。家常用具世界的特点是亲近，与此不同，科学家则不得不对自己的学科保持客观。科学家很少会在自然环境中去观察他的研究对象，而是会重复实验和观察，于是也就有了简化和人造的环境来排除外部影响。活物经常被杀死、保存以达到这一目的。植物学家喜欢用干燥的植物做研究，昆虫学家则会用事先准备好的甲虫。除了客观性，科学家的另一种典型态度就是追求清晰的概览——科学家需要比较不同的样品，而这些样品则最好是秩序井然地放在一个盒子中固定好。

我们能找到许多对待世界或多或少不同的态度。让我们思考一下，游客骋目四顾一个永远不会居住的地方时不置可否的态度。躺在海滩上，不盼望亦不需要什么，只是过着愉快时光的人的态度。虽然内心有各种悲伤和焦虑，但却并不真正知道什么是烦恼的孩子的态度。或者是房主看到房客在摧毁他的"世界"，感觉就像他的身体受到折磨时的态度。

还有一个有趣的事情，那就是语言区分了"是"（to be）和"有"（to have）这两种人类对待世界的态度。法国存在主义思想家加布里埃尔·马塞尔（Gabriel Marcel）注意到了这种区别，人本主义哲学家和精神分析心理学家埃里希·弗洛姆（Erich Fromm）则针对这种区别写了一本备受赞誉的书。区别肯定存在。例如，我是捷克人，是个机械师，是个狂热的集邮家。但我有辆车，有个"度假之家"。也许让人惊讶的是，我有眼睛、头发和身体——这样看来我就"是"与之分开的对象。这两个动词都用来表示在过去"我已经怎么样"了。实际上，法语和德语里同时有 be 和 have：to be 用于涉及动作的动词，to have 则用于其他一切。似乎动作是 being 最本质的形式（因为 being 的原本形式就是 to be）。

上面我们简要地看了看人在世界上所处的位置，发现并没有界定"我"的明确范围——"我"只是位于中间某处，首先具有身体和忧虑，然后是衣服，再然后是生活和休憩的地方。因此，人牢牢地植入到世界中，扎根于其中并进一步延伸。这就是为什么所有权（作为我们存在的延伸）会是基本人权之一。对某些人来说，失去某种事物比失去一只手或一条腿更会让其万分痛苦。虽然没有明确的界限，但这二者之间无疑也会有些差异。属于"自己"的东西如一条腿、一张床、一根烟斗，与我们住的房子和锅碗瓢盆，与我们在地窖或周末休假屋里"储备"的东西，最后还与那些遥远的、我们甚至都不知道的东西全都不同。我们如何对待我们所拥有的东西，以及它们在生活中起什么作用，都有差异。私人物品肯定会使我们的生活变得更加舒适，但我们也得看管它们。因此，一方面，东西是我们的；但在另一方面，我们也同样是"它们的"。最后，问题在于我们能够多么出色地去抵抗一种对物品的自然倾向，即角色对调，我们被拥有物给奴役或拥有。

小哲学:
如何思考普通的事物

🎀 思考题 🎀

- 描述一下我们的身体在世界中是如何安置的?方位又是怎样的?
- 你如何解释:我们每个人都有自己的世界而又能在共同的世界里邂逅?
- 思考"是"(to be)和"有"(to have)的区别。人可以不拥有任何东西吗?拥有大量财富有何危险?
- 解释一下世界与事物之间的关系,我们之前曾将事物描述为它们从世界中"映入"我们的视线。
- 你能描述一下梦中的世界吗?它与醒来的世界有何不同?
- 沙发总是摆在客厅里,如果将它放在草地上就会显得滑稽可笑。这一点如何被应用在如艺术中?
- 有时我们能遇到世界上不存在的事物吗?思考一下百科全书里的一些图案。

7

假日与常日、神话与逻各斯

> 没有庆典的生活是没有客栈的漫漫长路。
>
> ——德谟克利特

乘火车旅行的好处是你可以眺望窗外,观察与你几乎没有关联的事物。你不用驾驶,火车自己会开,你只需留意不要错过到站。对那些不必每天坐火车的人来说,这就像是一个假日。下车后,我们又会进入工作日状态,充满烦恼和忧虑。然而,我们不仅到处走访和观察世界,而且必须先努力找到在世界中生存的方式。人是会思考的动物,所以我们感兴趣的问题可能也就会显得更加复杂。人在开始做某事之前会尝试找出最好的方法,一旦做了这件事他就会问自己这样做是否正确。即使一切都很完美,我们设法得到了想要的一切,我们也迟早会遇上这样一个问题:我自己呢?我自己的情况又是如何呢?我只是个为工作而生的机器吗?人活着只为获取食物吗?

严格来说,我们并不会每时每刻都去关心自己的生存问题,而只是在白天有太阳时才会关心此事。等到夜晚来临,进入梦乡,我们就会忘了这件事,直到第二天一早醒来。人们也会用相似的模式去筹划更长的时间范围。很久以前，人们学会将时间分成工作日和节假日：在工作日谋生，而在节假日里则是一切都变得迥然不同。无论我们在工作时间里挣得了什么，我们都可以在节假日进行花费。我们有必须专注于工作的时间，与之交替的就是属于我们自己的时间，这时我们可以做自己喜欢的事情，与他人相处，玩耍，以及做一些不切实际的事情；这时我们可以庆祝节日，享受生活，诉说心声，聆听故事，回忆甚至思考。只有在闲暇之时我们才能摆脱工作和日常的担忧，注意到之前没有时间去注意的与我们不直接相关的事物。

  只有在闲暇之时（自己的时间）我们才会环顾四周，注意到我们存在于这个世界之中。有时我们会觉得这个世界是如此乏味！然而，这个世界不仅包括我们周围的事物、有利用价值的事物，还有云朵、天空、太阳、光亮、星星、宇宙。那些视力好的人可能还会注意到它们是如何组合在一起形成一个整体：一个宏伟无比又有点骇人和神秘的整体，我们存在于这个整体中并依赖着这个整体。一直以来都有被这个整体所吸引并想尽一切办法去表现它的人，无论他们采用的形式是音乐、舞蹈、诗歌还是故事。这种神圣的故事叙述，旨在表达和把握这个世界中的谜团和生命、事物的起源和关系、人与世界的关系、人的命运，以及许多其他根本性的东西，而这实际上就是神话。神话最初用于宗教仪式和庆祝活动，只有当它后来与宗教分离到一定程度，它才能被自由诵读并在后来被记录下来——由此所有人都随时有机会去了解神话。如今，"神话"这个词的含义既不是解释（"神话"源于古希腊词 *mythos*，原意是"话语""故事"），也不是描述，而是用熟悉易懂的人类语言去认识和表现世界以及人在世界中的地位之谜[①]。

[①] "神话告诉我们的是已知的。它们用尽人皆知的事物来重现未知的。重现的是一致的认识，而非信息。"——德国社会学家尼克拉斯·卢曼

我们之前曾提到法厄同和太阳神战车的神话，对现代人而言，这些神话乍看上去是神人同形同性（拟人观）；每件事情上所表现出的神的生活、行为和爱恨都似曾相识，与人类如出一辙。但是，古人没有其他表达事物的方式。如今的科学和哲学中的抽象术语是很久之后才有的。神话将宇宙和自然界呈现为与人相关、让人熟悉的事物。神话不将自然界分解为各个组成成分，而是将其表现为人类（更确切地说是超人类）的故事。

神话用语言描绘自然界使得它离我们更近，这实际上表现的是人如何与自然界相分离并隔着一定距离去观察自然界。叙述神话故事的艺术本身就有明显的抽象化色彩。但是，神话又不仅仅是简单的抽象化、叙述或艺术。神话首先是一种尝试，它想要去窥探世界有多深、世界如何被创造、形成它的神力是什么。神的行为让世界创始于太古的黑暗，神的行为也维持着世界的秩序。而所有指望世界秩序不崩坏的人们的任务就是拥护好神，帮助好神抵挡恶神，确保创造世界这个原始的神的行为能够得到维持。这也是为什么古代人不得不以象征手法定期重复这一行为。许多古老部落里都有关于想吞噬月亮的恶神的神话。在新月的关键时刻，月亮几乎从天空中消失时，部落里的人会大喊大叫以驱逐恶神，这样月亮就可以得救（更确切地说是重生）。

所以神话并不仅仅是叙述故事，它还体现出对世界和我们在世界上所处地位的特定理解，这种理解具有如下特征。第一，这种理解是直观的，它把事物看成整体；它不分析、不比较，主要根据相关和熟悉的程度来看待事物。第二，这种理解是象征性的。它不是通过概念性的语言，而是通过图像、原型情境和角色来传递其意义。从我们的观点来看，它如同梦境——神话故事中没有理性的原则，如同一性、因果关系和排中律。第三，神话说什么就是什么，不允许质问，更不用说怀疑或批评了。从另一个角度来看，神话则能给人带来安全感。第四，这是一种极其强大有效的艺术形式，它经过数千年的叙述和重述，逐渐成熟，成为接近于荣格后来称为"原型"的东西。这使得神话令人信服。第五，神话是集体的。神话不是某个人的财产；神话关注整个部落，无一例外。但只要部落里有一位成员反驳神话，就会危及整体的可靠性。第六，神话对个人的教诲是，人的根本责任在于确保延续原始现状，即黄金时期，这是事物的开始，也是正确做法的典范。我们的日常世界当然会发生改变，我们自己也会不断改变和成长，但也正是出于这个原因，我们才需要不断更新原始状态。强调过去某时的黄金时代，意味着神话拥护的是把权威交给我们的长者（他们比我们更接近黄金时代），或者是那些出身高贵者，他们有长长的祖先名单，从而也与黄金时代相联系。

　　新年仪式就是神话般地对待世界更迭的典型事例。每个古代社会都有秩序、规则和权威。然而，正如地球上的一切事物，这些东西也会损坏、衰弱、腐朽（自然界本身也是如此）。春天到来，自然界重生，社会、部落和世界也会更迭。在重生的节日（即新年）到来的日子里，破损而腐朽的秩序被推翻和废除。年轻人开始教诲老人，女性开始统治男性，以前被禁止的一切现在统统被允许。白天没有人工作，夜晚没有人睡觉。那些幸存至今的节日，如大斋节、嘉年华、新年夜，我们并不清楚我们的祖先在举行仪式时情况有多么迫在眉睫、岌岌可危。整个部落的未来都寄希望于他们执行仪式能一举成功。旧秩序越是完美地被废止和清除，重生到原始无瑕状态的可能性就会越大。也许只有关于扫除一切旧事物的革命神话仍在维系这些重生仪式的重要性。但是，革命当然不能被多次重演而仍然是革命。

　　人类凭借对世界的这种神话般的理解而持续存在了数千年，所以也就毫不奇怪，某些遗迹（如风俗、迷信）仍然保留于现代社会（特别是与新年、复活节、婚礼和葬礼有关的习俗），在人类的潜意识中仍然以象征和原型的形式呈现。很少有人知道，在捷克，透过面包店的橱窗看到的普普通通的圆形馅饼象征着春天的太阳，在地里种蛋也是这一意思，而在婚礼上打碎盘子的声音则正如我们的祖先试图阻止恶灵的声音。

随着人类生活的变化，特别是城市和大规模移民的发展，神话已在很大程度上对我们失去了说服力。尽管统治者和暴君试图用暴力来维系神话，但我们已经行进到了神话不再具有举足轻重作用的阶段：神话不过是迷信的一种。这种转变主要来自观察、批判性论争和通过理性对世界产生的新认识。现在，理性也有绝对的可靠性。如果我在这里，我就不可能也在别的地方；如果某物是块石头，那它绝对不会突然变成公主；如果它是匹狼，那它不可能也是位王子；等等。

古希腊词"逻各斯"（*logos*）的本意是"言语""感觉""理性"，后来它的意思又发展为"尺度"和"计数"，甚至是"描述"。仿佛人类知识的整个历史都被压缩成这一个单词。这种认识世界的新方法也有其特点。第一，这基于言语表达，即对现实的言语描述。但正如我们所见，用言语去进行描述，现实会分为不同部分，结果也就不容易看到整体。第二，言语描述允许人们进行讨论、质疑和批评。言语主张会招致质疑。第三，一旦我们开始使用描述性语言，我们就是在运用理性；语言是断言理性规则的手段。凡是无法得到理性支撑的都是值得怀疑的对象。第四，理性不诉诸集体权威，而是来自我们自己的思考能力，所以每个人都要说服自己理性是可靠的。个体可以也必须不受限制地肯定理性。第五，学习、观察和思考都是针对当下，而非遥远的过去。学习的目标当然是指导人类行为，寻找乃至预测通往未来的正确道路。因为没有人知道通向未来的道路，也不能去效仿，正如去效仿古老的原型。必须经过多次寻找。必须通过理性思考去缔造和审视。因此，社会的主要角色不再是年逾古稀之人或出身名门望族之人，而是那些独具匠心、别出心裁、斗志昂扬、饱读诗书之人。

整个古典哲学，尤其是柏拉图的对话，见证了这种转变。现今的读者从小就习惯这种思维方式，可能会难以理解这种思维是在柏拉图那个时代才成熟的。研究柏拉图本人如何与这种思维进行斗争［某些书里（特别是《蒂迈欧篇》《法律篇》）描述了柏拉图如何难以抉择］，这是极有趣的。但是，神话原本作为确定性的来源和社会凝聚力的源泉这一地位已不复存在。由于不再有适合神话发展的条件，人类也就开始从新的角度去看待自己在世界上的地位，所有维系神话可靠性的努力，包括武力、权威和诗歌，全都失去了用处。人在世界上形单影只，陪伴他的只有理性和言语。他不再是通过血统或部落团结与他人紧密相连，而是再次通过言语和理性（即逻各斯）与他人紧密相连。

然而，对世界这种神话般的理解的某些特征并不仅仅体现在孩子们身上。视觉和言语艺术继续以构成神话的整体感观、象征、原型图像和人物的使用为特征。观看或阅读的体验更多是从艺术家的角度去看待事物，而不是去学习什么。莎士比亚和陀思妥耶夫斯基的读者会进入神话的世界，尽管是自己的世界，他不会想到这些故事应被视为正确做法的典范或人类存在确定性的来源。他可能会把福斯塔夫、夏洛克、梅斯金公爵这些形象看作某些人生观的化身。

神话崩塌了，有些东西也随之消亡，这不仅表现在艺术领域，还表现在哲学和科学领域。概念式的话语思维方式旨在进行操纵和批判从而错失了整体性和研究的意义。因此，20世纪的哲学与诗歌、文学和艺术密切相关。海德格尔晚年致力于解读诗歌,萨特既是文学家又是哲学家,保罗·利科则研究故事叙述本身。在科学界,弗洛伊德和荣格获得重大突破:弗洛伊德首先认识到梦中象征物的科学价值,尽管它们只是疾病的征兆,而荣格则使它们全部康复。理论物理学家和宇宙学家的话语也具有类似"神话般"、梦幻般的品质,因为这些科学家无法用描述性语言来传达想法。这主要是因为当前的微观物理学的概念不受常识支配:电子不像我们人类,而只能说目前存在于一定或然性下,且其位置并不确定,直到我们试图去将它们找出来。

重新将神话作为一种人类集体存在确定性来源的尝试(这样就可免除人类独立思考的责任),与上述情况有很大不同。这种尝试从古至今都在频繁发生。我们已经在柏拉图那里甚至是在基督教中见过,虽然他们千方百计想使神话崩塌,但却也没有摆脱这种尝试。而我们对世界的认识越发远离神话,这些尝试也就变得越发暴力和怪异。进入20世纪,这些尝试在极权主义政权的"神话"和阿尔弗雷德·罗森堡(Alfred Rosenberg)的"20世纪的神话"中获得极大成功。正是因为神话本身已不再令人信服,所以在这些夸张的描述中,神话也就成为一种抑制思想和论争的手段。这些假神话无非是意识形态上的操纵,是强有力地聚拢民众的伎俩。而假神话所给予的"可靠性"实则是全然自私自利的——它们不过是独裁者镇压所有异议的野蛮力量。然而,一旦独裁者垮台,整个神话就会像泡沫般爆裂,只留下一堆废墟。这些可怕的经历是严重的警告,警告我们永远不要放弃批判思考能力。用理性、论证和批评去发现事物很是劳神费力(甚至理性也能被神话化),但若没有它们的存在,我们也就很容易成为最邪恶力量的猎物。

小哲学：
如何思考普通的事物

❧ 思考题 ❧

- 神话让你认识了什么？举个神话故事的例子。
- 你能创造出一个神话吗？你的伴侣或朋友会怎么看你创造的神话？
- 什么样的社会会想要依赖神话？
- 神话在什么时候崩塌了？为什么会崩塌？它被什么取代了？
- 法国哲学家利奥塔曾提及"元叙述"，这与神话有什么关系？
- 我们能回归到神话吗？为什么？
- 科幻小说是神话吗？托尔金的作品呢？《哈利·波特》呢？它们之间有何不同？
- 为什么当今社会如此流行去创造艺术神话？我们想通过艺术神话去找寻什么？

8

你 和 我

每当我在进行思考，思考的人总是我，即使我并未完全意识到这一点。笛卡尔的哲学确定性都建立在这一基础之上。这本身并不会使我们以自我为中心或自私自利。我的想法必然来自于我（谁能替我思考？）并迂回地返回给我。这实则就是我们常说的"反思"。但请注意，我在这个世界上并非形单影只。从我们自己的个人发展来看，他人就在我们身边，例如我们的父母。没有他们我们就不会活下来，是他们最早教会我们去认识事物，没有他们我们甚至都不会来到这个世界上。小孩子完全只和自己来往，家长及后来老师的首要任务就是带他们走出这种状态，给他们机会去学习和关注外面的世界。简言之，就是帮助他们去创造和发现自己的世界，成为世界里的人。

可以说，在我们走入他人的生活之前，他人就已出现在我们的生活中。只有通过从父母那里听到的，孩子才会认识到自己的身份，如"张三""李四"，乃至后来自称"我"。这不仅仅是语言或词汇的问题，因为这个"我"并非直接现成地进入世界。它只存在于孩子的潜能里，唯有通过鼓励培养才能激发出来。某些精神病人永远都无法做到这一点。事实上，就连精神健康的人也无法充分做到这一点。

通过科学教育，我们想要认识这个"我"究竟是什么。虽然我们在日常生活中曾无数次使用这个词，但我们却无法找到简单的回答[1]。我们可以说"我"不是能指之物。我们虽然经常指着自己的胸口说"我"，但却很难说"我"就在那里。"我"总在"这里"而非"那里"，总在"此刻"。更准确地说，是有意识的"我"定义了哪里是"这里"和什么是"此刻"。

我们在定义对象时遇到困难，一个有用的办法就是将其与相反物或对应物进行对比。那么与"我"相对应的又是什么呢？这种对应必然存在，否则也就无须点明"我"。当需要区分自己与听话人（"你"）或谈话的对象（"这个""那个"）时，我们会使用"我"。所以"我"总是用于与某事物相关联时，作为关系的一方。而且因为关系是无穷的，而所有这些关系里都有"我"，所以我们认为"我"是更明确和稳定的。这种过程衍生出了"人称"。我们知道，语法中也把"我"作为"第一人称"。

但是，"我"作为第一人称，只是从成人或青少年的角度来看的。我们最初是从母亲那里知道这个角色，因为是她最早跟我们讲话并成为我们的第一个"你"。大多数哲学家，特别是当今哲学家，都是以成人视角为出发点，因此他们似乎认为，最基本的、决定性的对应物就是他们研究和谈论的东西："它""那个""那些"，甚至是"世界"。哲学言论（以及很大程度上的科学言论）似乎是针对任何人而非特定某人。这使得它们有一个显著特征，即它们都是关于某一事物，但却不针对任何人。因此，这些言论主要使用第三人称，唯有在极为罕见的情况下才会出现"我"。这些言论几乎从不使用第二人称。

---

[1] "我自己无法摆脱的就是我。"——法国哲学家伊曼纽尔·列维纳斯

我们的日常生活、文学和诗歌及宗教生活中的情形则恰恰相反。这时言论完全围绕着"我"和"你"。我们可能谈论的事情有所不同，但却总是在和某人交谈。当我们遇到有人对不存在的人或对自己说话时，我们的第一反应就是这人肯定有病。我们讨论语言时曾提到第二人称与第三人称的区别，下面我们就来看看它们有区别的原因。

　　不论说话、行动，还是观察、聆听，角色都是"我"。不同之处就在于特定活动中所涉及的对方的角色。从发展的（也是客观的）角度来看，很可能我们应该从谈话的对方开始："你"。"你"永远是一个活生生的人。孩子将洋娃娃称为"你"，成人将狗称为"你"，是想象着自己正在和活生生的人交谈。他们之中只有一个有他们自己的名字，我知道他们看待我跟我看待他们是一样的。这种"我"—"你"的对称关系通过望着对方的眼睛来表达，许多人都很难做到这一点。"无法保持眼神交流是内疚或可疑的迹象"这种常见观点并不一定对，但却几乎每个人都能觉察到交流的困难。捷克作家扬·聂鲁达（Jan Neruda）曾写道："两个人才有真实。"气氛过于紧张时我们就会转移我们的注意力，或者一笑置之、插科打趣。事实上，一直盯着对方的眼睛有时也会带有侵略意味，就连动物也能察觉到这一点。

　　在"我"—"你"关系中总是会有两个具体而分立的人，所以我们要为自己所说或所做的事情负责，而不能责备他人。当我遇到"你"时，"我"不仅要说话，还要聆听。"你"的反驳和回答使我的想法不停地被打断，被迫去思考从未想过或是想要避免的问题。这就是为什么这种对话如此有价值——而且还常会让人不愉快。这种对称的"我"—"你"关系就像是给所有人立起了一面镜子："我"在看着"你"的同时也在思考着"你"会如何看待"我"。镜中景象对我很重要，所以我会设法对其产生影响。我会预测"你的"感受并努力去考虑这些感受。但我不是以精于算计的本事（这是骗子的做法），而是以完全自然的方式去这样做。我观察到"你"在做同样的事情，所以通过这种方式我们彼此吐露也就能够更深入地认识我们自己。正是在"你"面前我才会，比方说，因为没有履行诺言而感到羞愧。因为周围没有其他人，所以我信赖"你"；我相信"你"不会把我告诉你的事情泄露给别人。

正如犹太哲学家马丁·布伯所述，我们迄今为止所讲的"我"—"你"关系是对称的。但是，事实往往要比这复杂得多；一些哲学家相信，唯有这种更复杂的关系才是常态而非例外。哲学家列维纳斯认为，"他者"总是"在我之上"。不拘在任何情况下，"我"—"你"关系总是多样而神秘，并且可能还会有意想不到的深度，这种关系在建立和证明道德准则的所有哲学中起着重要作用。圣经里的"己所欲，施于人"和整个道德准则都基于此，无论康德如何试图回避这一点。根据列维纳斯的看法，和平就是"有讨论的能力和意愿"[①]，正义就是从正面而非侧身或从后面去接近他人。

和我没有交谈的对方的关系："我"—"它"关系，虽然有时也会变得复杂，但却往往也要更为简单。所有的思想、言语和行动都来自"我"—"它"，根据人称的定义，"它"不会说话，而"他"则可能都不在现场。他既听不到也无法回复。我提及他，而非跟他交谈。这种关系（当然，它有多种变体）是思考、发现、主动的"主语"（"我"）与被动、被发现的"宾语"（"它"）这种现代概念的基础。这种关系使得人与物的区别不再明显。"他"和"他们"存在于某地，我看得到他

[①] 康德想让我们不是被"你"支配，而是被普遍适用的准则所支配："要只按照你同时认为也能成为普遍规律的准则去行动。"

们，他们也看得到我，但我却把他们当成物体一样来谈论。我们说这种谈话是在对他们进行"客观化"，就像种植园主在奴隶市场上挑选身强体健的奴隶。所以当我们听到有人在某人不在场时说后者的坏话就会认为这样做不正当，进而就会对其产生反感："你为什么跟我说这些？你应该当面去跟他说！"

我可以称呼一个人或一小群人为"你"。但若人数太多我就无法认出每个成员，听到每个人想说的话。此时我就得像看待牛群一样去看待他们并作出相应的表现。在人类历史上，首先遇到这一问题的是军事领导人和统治者。如今我们必须以这种集体、客观化的方式去处理人际关系的情况更是越来越多。不仅是将军和政治家，还有商人、公司董事、统计员、记者、科学家，甚至是学校老师，都得去处理与大批人的关系，如"600 人的代表团""总人口的 37.2%""12 万名领养老金者""三二班的学生们"。这些都是没有面容、没有名字并且不会说话的集体。

我们之后在讨论政府和权力时会再回过头来讲由此带来的问题。虽然在当今大众社会我们无法完全避免这种情况，但我们应该时刻牢记，这在一定程度上只是一种权宜之计，而且这带有瑕疵、有损尊严、存在危险。20 世纪上半叶的集中营实施了深思熟虑后的制度，即剥夺人们的话语、名字、面孔、个性和尊严，随后他们也就变成不过是编了号的"囚犯"，被冷血地谋杀，甚至被用作原材料。这种事情在大众社会中总是会有可能发生，而习惯于操纵无名大众的人自然也会失去他们的人类自控力。

出于截然不同的原因，这种"集体"关系在科学上也确立了它的地位。根据亚里士多德的看法，科学"不可能是关于个体的"。科学需要客观性是合乎情理的，就算是给亲人看病的医生也需忘记这是一个与他关系亲密的人，而暂时只应将其视为"病人"。然而，科学现实观对人与非人（这两者在科学眼中并没有什么不同）的影响，最近已经开始散播到科学以外的领域，像"科学管理"之类的词汇已经成为人们日常语言的一部分。当然，这也增加了对人进行客观化，特别是"客观"对待人类的危险。当今哲学最迫切的任务之一就是要警告我们存在这样的危险，并帮助我们去面对这些危险。毕竟，除了它，还有谁会这么去做呢？

思考题

- 你如何解释"我"不是一个物体？
- 解释一下"我"—"你"关系与"我"—"它"关系两者之间的不同。你的名字对你意味着什么？
- 别人会用你的名字做什么？
- 为什么我们会给宠物和喜欢的东西命名？

9

行动与自由

如果有人辱骂我，我很可能会回骂过去；我会用更伤人的话语，要是能破口大骂一通则会更合吾意。尽管我这样做对双方都没有好处，但我却可以泄愤出气，因为我做出了反应。这与氧对氢、汽车对踩加速器的司机的反应大致相同——"做"必须要做的且立即执行。这种对各种刺激如猎物、食物、伙伴和危险的瞬间迅速反应是动物的典型特征。但对人类来说则还有其他选择。比如，可以假装没听到，然后问："抱歉，你刚刚说什么？"可以用眼神挑衅对手，然后转身离开。可以咬牙切齿地吼叫："你给我等着！"可以静静地吹口哨，或只是陷入沉思，无动于衷。无论做出哪种反应，人都能利用自己作为人类的优势（思考和权衡选择的能力），在许多时候成功地做到这一点。优秀的扑克玩家都知道，成功的秘诀就是不去回应，让对手好奇自己是如何盘算的。即使没有任何筹划，沉默至少也能让对手提心吊胆。

真正的人类行动的主要特征是不仅会对刺激做出反应，而且这种反应还能使人类与刺激物保持一定距离。人首先会评估形势，然后考虑各种选择，最后选定一种。人通过思考和判断来做出反应。我有多种选择，不论现在或以后，不论独自一人还是与他人一起，我都可

小哲学：
如何思考普通的事物

以根据自己的判断行事，刺激物本身并不能决定我如何行动（或不行动），这些认识是我们所谓的自由的基础。数个世纪以来，哲学家们一直都在辩论这种自由是否真实，辩论这种自由是否只是幻想。今天我们则倾向于认为这个问题是无法回答的（如何能回答？），而最有智慧的方法就是从经验中去学习，经验教导我们可以思考和做出决定。

我们看到，行动并不只是做出反应，因为它还遵循着一定的目标——我自己的目标，而不是周围环境强加于我的目标。发现、评估及固守目标（特别是长期目标）的能力，也是人类行动的显著特征之一。人的行动与单纯对刺激做出反应有天壤之别，因此人一直认为自己拥有这种独特能力，并不断寻找在本质上与之至少相似的东西。每当人发现具有类似特征的东西，如蜘蛛网、海狸坝、蜂箱，都会密切注意。蜘蛛织网、海狸垒坝和蜜蜂筑巢并不是对什么事物做出反应；相反，它们是在为将来会发生的事情做准备。例如，眼前还没有出现苍蝇，蜘蛛就已经在织网了——等到苍蝇飞来，蜘蛛早已做好准备。反应就是对正在发生或刚发生之事的回应，与之相反，真正的行动则是对将来之事的准备，或者是为了达到预期目标所铺设的道路。用更哲学化的术语来说就是，反应是原因产生的结果，而行动则是通往某种目标的手段。即便是刺激下的行动也超越了刺激物本身，不能完全由刺激物来解释。

没有任何明显的刺激所引发的这种行动，无疑是执行者提前考虑好的。因此，我们可以认为这是自由的，而这也就意味着其发起者对此负全责。小孩子就已知道这一点，所以当他们被抓到做坏事时，他们也就总是试图将其归咎于他人（"是他先做的！"）。因为他们知道，发起行动的人（无论结果是好是坏）理应承担更大的责任。民族国家或其他群体发生冲突时也有类似的论争，因为引发冲突的人理应受到惩罚。还有人则会争论谁是第一个产生某种想法的人，谁是创始人或发明者。所以重要的是要记住，人类的常态并不只是对刺激做出简单反应，事实上，就连那些没有"发起行动"的人，也能在冲突或争论的过程中产生很大影响。就算只是简单地回骂或回击，那也是在行动，因此也要承担责任。

我认为自由是内在的，对我来说，大部分自由都是令人愉悦的和有价值的并赋予我相当大的优势，比如让我的潜在对手直到最后一刻才会明了我的意图。出于同样原因，别人的自由对我来说也就可能是令人不快的，甚至是一种威胁。所以人们，特别是执政阶层的人们，自古以来都是想尽一切办法去扩大自己的自由而限制别人的自由。还有什么能比废除他人自由的权力更能讨好人的呢？我们可以做些什么来限制这种天生的倾向以免引发灾难？还是说自由必然是社会混乱和各方冲突的根源，而赢家则总是最残酷、最不自我节制的？那些认为自由就是无政府，想让我们否认自由的人，是否就是对的呢？

正如上面所见，自由本身就是最有限制的；唯一可被称为自由的行动是有距离感且经过冷静的头脑而实施的。因此，我们在生气时会告诉自己"数到十［再做出回应］"。一个人首先想到什么就做什么，那只是在做出反应，这固然可以发泄愤怒，但却也表明他并不自由。自由主要意味着克服"激情"，这是晚期古希腊哲学的主题，后来又被基督教所采纳。所以，自由与判断和理性休戚相关，而古代的教育也就是针对自由、主要是针对自控的教育。

此外，只有执行者负起责任其行动才是自由的。破坏公物者在墙上喷漆，然后逃跑，这不是自由人的行为，无论如此行事者是十五岁还是五十岁。所以，自由与某个人、某个"我"一体同心，这个人记得自己的行为，并会把自身行为造成的间接后果也归因于自己。这种联系自然不会令人愉快，尤其是在行为是由他人激发的时候。事实上，必须承担后果这一点正是为什么人们常常害怕自由乃至自愿放弃自由的原因所在。

人与人之间的普通公民关系，只有在所有人都认为他人是自由的并会相应地采取行动时才能成立。某个人做出承诺、签署合同或汇票、购买商品、去银行存款时，我们自然会认为他是自由的，当然有个前提是做这些事的真是他本人。我们通常并不会去探究他是否有能力去做这些事。然而在刑事司法制度中，现代司法观念则要求我们不能对罪犯做出这样的假设。罪犯是否有"客观"责任感和心智正常要由心理学家来检查确认，心理学家偶尔也会发现被告不能为自己的行为承担责任，原因可能是被告智力欠缺或者是在犯罪时身体状态欠佳所以不是一个自由的人。这种"双重标准"最有可能源于当今社会流行的"人性本善"这种信念：人之所以会犯罪是因为他不能完全控制自己。

人类的自由在科学领域引发了最大的麻烦。这并不是因为科学家们愚昧，想要剥夺我们的自由，实际情况恰恰相反。因为根据定义，自由是指不能被充分解释的行动、不可预测或重复的行动。所以结果就是，科学地审视我们认为是自由的行动没有任何意义。不假定人是自由的就无法运作的学科，如历史，必须换个方式去解决这个问题，而医学和心理学则倾向于通盘忽视自由，将人类的行动简单地视为行为（即对刺激的反应）。只要参与此类研究的每个人都把它理解为方法上的简化，也就不会有什么异议。但如果有一个思想学派（如行为主义）相信对整个人类都可以这样去理解，结果就会是一系列荒唐的误解和可笑的悖论。如果将所有的人类行动都简化为对刺激的一系列反应，只用因果关系去理解，这就会动摇包括行为主义在内的所有观点及其散播者。这些人的言论不过是对刺激的反应，不过是"发声"而已，对我们毫无用处。就像一个慷慨激昂的演讲者用最煽情的语言去说服听众"自由"这个词没有意义——对此我们只能付之一笑。

人是否是自由的这一经典问题，为中世纪许多伟大的哲学家和神学家所关心，如今则可被视为视角上的不同。数学家可以理解他自己是自由的，而线性函数则不是。物理学家和化学家不需要把"自由"赋予他们的研究对象，而这样做就会给生物学家、人类学家和医生带来麻烦。在其他领域，历史学家和政治学家则不可能不在承认他人是自由的情况下进行研究。然而，即使最兢兢业业的历史学家也必须使用将他们的人类"主体"视为确定的方法。我指的主要是统计方法。例如，民意调查显示，大量"自由"的人作为总体的行为是可以预测的，因此根据定义他们又不能算是"自由的"。同样可以看到，许多伟大的历史运动都受到了先前的社会危机、经济衰退、人口快速增长或衰退的影响。但我们必须牢记，"影响"与"导致"是不同的。

20世纪精神分析学的兴起，对"我"是自由的这一观念来说是一个更大的挑战。精神分析学创始人弗洛伊德不仅能理解和治愈大量精神疾病，还能令人信服地解释许多次要行为（如"弗洛伊德口误"），而我们通常则不会给这些行为（口误）赋予任何意义。弗洛伊德认为，精神疾病和口误是无意识心理的表现，在强大的社会压力下，我们会抑制不良的（特别是与性有关的）想法和渴望，让它们进入无意识心理之中。所以人格的核心不是有意识的、成熟的"我"，而是无意识的、受到抑制的"本我"和施加抑制的"超我"，"超我"就是我们应该怎么做的有意识心理。无意识心理会在梦中、在意识心理薄弱时呈现出来。如果过度抑制无意识心理，就会表现为精神紊乱。因此，弗洛伊德的研究其实是以他的方式改进了斯多葛学派战胜激情的哲学，尽管他是在以相反的方式去解决这一问题——通过接受和意识到我们被抑制的渴望来战胜困难。弗洛伊德研究的哲学结果是，传统上认为自由和负责任的"我"能够控制自己的行为，如今看来也可能是方法上的简化，而非全面的事实。

弗洛伊德的学生荣格所拥有的经验，要比弗洛伊德作为心理学家治疗维也纳中产阶级的经验更加丰富。他极大地拓展了无意识现象研究，认为这不仅是不良想法的倾倒场，而且也是思想和创意产生的源泉。荣格发现了无意识心理的一个重要层面：集体无意识，这个层面并非因人而异而是针对同一文化或社会团体。这个层面与人类的宗教和文化表达息息相关。由此一来，欧洲的个人主义和个人主权（个体可以独立存在而无须他人）这种传统观念也就不再成立。毕竟，人们一直都是生活在群体和社会团体中，这其中既有家庭团体，也有更广阔的文化团体和民族团体等。人们通过语言来进行思考，在不是自己所创造的环境中展开行动。就连艺术和文化也不仅仅是杰出人物的作品，因为这些人也是产生于团体共同的文化环境。

思考题

- 反应、行为、行动有什么区别？
- 解释一下原因与目的的区别。
- 人类行动的特征是什么？
- 自由是不存在的，因为没有人能一直随心所欲地去做任何事情，你怎么看这个观点？
- "绝对自由"这个词有意义吗？

9 行动与自由

- 为什么自由不能等同于放纵或肆意妄为？
- 人为什么会害怕自由？又为什么会放弃自由？
- 举例说明我们在什么情况下会想要摆脱自由？该如何摆脱？
- 为什么在弗洛伊德生活的那个时代和在都市的中产阶级中人们开始感受到无意识的存在？

10
玩　乐

　　玩乐这种现象多种多样，无处不在，千秋万代以来都在见证着人类如何构想生活和人性。道德主义者总是在不停地告诫和谴责这是在浪费时间；但说来有趣，普通人对这些劝诫却是置若罔闻，不论成人还是孩子都会沉迷于激情和放纵的玩乐。就连最恶劣的独裁者也不敢剥夺这种娱乐，相反他们意识到，除了面包之外，这是让人顺从的必需品。虽然乍看之下很难发现这些活动之间的联系，从儿童游戏到表演戏剧、演奏乐器、体育运动、纸牌游戏，甚至赌博，但在这其中必然存在某种关联，语言才有充分的理由将其概括为同一个词。当然，我们也可以换种问法：与玩乐相反的是什么？什么不是玩乐？

　　"这不是游戏，这是生死攸关之事。"对，生活中有危机，危机有时甚至就是生活本身。那么我们能说玩乐就是不严肃之事，是随便之事吗？很难这么说。只有那些从来没有玩乐过的人才会这么想。不专心致志对待游戏的玩家，对他人来说只会让人扫兴；而太过随便的游戏则根本就算不上是游戏。但这两者之间也有不同，舞台上的演员可以多次死去，国际象棋比赛的败者也不会像个失败的将军成为胜者的俘虏，他们只会交换位置，重新开始游戏。

正如浪漫主义者有时所言，玩乐不是"生活"，而生活也很可能不是玩乐，但在这两者之间却有明确的联系。戏剧演出从宗教神秘剧演变而来，旨在向我们展示生活和世界最深刻的秘密。也许玩乐从根本上来讲就是在表演现实生活，呈现人造的生活和世界的模型。即使是演奏音乐，也会创造出它自己的"世界"，音乐家和听众都会暂时进入那个世界而摆脱"外部"的日常生活。戏剧和运动更是如此。玩乐既与生活有关，又力求与生活有别，而非相反。所以人们经常会穿着特定的服装去玩乐，去到专门的地方玩某种活动，而非其他地方。这时玩乐的世界也就类似于宗教的世界。

每个游戏在时空上都有严格限制，这些限制通常都是提前就已定好的，用明确的空间和时间与外界相分离，如白线或窗帘，哨声或铃声。虽然玩乐"世界"与现实生活有许多相似之处，但它们之间却没有直接联系。推销员可以扮演女王，总统可以扮演啤酒厂工人[①]，但在表演结束后他们就会回到原来的样子。古希腊演员脸上戴着面具，就是为了不让人们把舞台上的他们与现实生活中的他们混为一谈。但在电视出现后，对演员面孔的特写破坏了这种重要的距离，现在就算我们在街上遇到电视演员，他们也仍然是电视剧里的"医生"或"总经理"。你在网球比赛或国际象棋比赛中打败了你的老板，并不意味着你明天就可以对他下达命令，比赛结果只停留在游戏领域而不会输出到游戏之外，所以赌博其实是对"游戏"这个概念的误解。成为专业的玩家则与此不同，这时他们会受到观众参与的影响，他们得在街道或赛场上表现出很强的斗志。

---

① 正如捷克作家及剧作家瓦茨拉夫·哈维尔（1993—2003年间出任捷克共和国总统）在其自传剧本《观众》里所扮演的角色。

玩乐由此与外界相分离，向外界举起了一面镜子。为什么要这么做？我们在镜子里看到了什么？甚至是那些使玩乐不同于"生活"的因素也在清楚地表明：我们如何看待生活、什么是我们认为重要的和想要改变的。玩乐的时空分隔着重强调了这里一切都不同——不要把玩乐与生活相混淆。两者之间无法过渡，我们在玩乐世界中的义务和职责不适用于玩乐世界之外（反之亦然）。我们的立场和特权无法在这两个世界之间转移，它们之间没有任何共同点。玩乐的东西在"生活"中用不着，"真实"的东西在玩乐中则毫无意义。这意味着你不用害怕去自由地玩耍。你在游戏中所做的，假如完全遵守规则，就不会影响到你的生活。不论最终结果是输是赢，都不会有永久性的后果。

每种类型的游戏都会突出生活的某个方面，在适当理想化的条件下为参与者（可能还有观众）提供机会去发挥这个方面，而不用担心后果。我们可以举例来看看每个人都熟悉的竞技性游戏，如足球、网球、国际象棋。这些游戏都是在以最简单的形式去模拟冲突或战斗：一对一，红队对蓝队。这种游戏的优势非常明显，因为在真正的战场上很少有人能毫发无损地回来。当然，游戏玩家必须全心全意去作战，从开场的第一声哨响直到最后，结束时则好像什么都没发生过。所以"作战"游戏有存在规则的必要。因为在真正的战斗中，参与者可能也希望有规则，但又有谁会不计成败真去坚守规则？游戏里的人生因为不会危在旦夕所以才会有规则，并会有公正的裁判通过及时的判决确保双方坚守规则。

规则和裁判的存在使得玩乐明显不同于现实生活。我们的选择更为有限，所以也就更容易去审视它们。例如，国际象棋里步法的数量有限（虽然很多）。表面上看这些限制也许会磨灭创造力，但实际情况则恰好相反。没有什么能像严格健全的约束条件一样激发人的创造力，所以例如更大的棋盘从未试验成功过。音乐里的限制是通过声调系统和乐器编排来实现的，同样，无调音乐也没有开创新纪元，而是丧失了清晰度。裁判和规则的存在再次强调了人们对公平公正的坚决渴望，并与现实生活形成对比。在游戏规则规定的简化条件下做到公正是有可能的，而且有趣的是，这[公正]对玩乐极为重要。

值得注意的是，各种游戏对公正的理解也会有所不同。网球比赛输了一局的选手会失去他在该局比赛中的所有积分，不论最终是功亏一篑还是全军覆没，都不会反映在比赛结果中。整盘比赛和整场比赛都是如此。理性主义者肯定无法接受这种"公平"概念，因为这明显有失公平：实际上比对手丢了更多分数的选手却可以赢得比赛。但这个制度的优点是可以将比赛的悬念一直保留到最后。在每局比赛中每一小分都攸关成败。这一点其实很现实，它教会了选手一条几乎是现实生活中的规则。这也与英国"得票最多者当选"的选举体制所蕴含的"公平"概念相似，而这则可能也并非只是一种巧合。

在每局比赛中，一位选手发起进攻，另一位选手予以回击。这种有规律的轮替在国际象棋或桥牌比赛中最为常见，同时也存在于网球和其他比赛中。这些比赛采用并融合了人类行为的一个典型方面，我们称之为"划界自由"。网球比赛中的发球者可以自由选择如何发球，而接球者也会想尽办法去应对这个不是由他自己选择的击球。假设他能跑到球边，那他就可以选择——在哪个位置击球、给球加多少旋转，等等。同样，在国际象棋比赛中，白队会决定第一步棋如何下，但其他每步棋都会受到黑队如何回应第一步棋的影响。两位棋手都有自己的总体规划和策略，他们在棋盘上不断较量：某位棋手的规划会给对手带来需要克服的障碍，反之亦然。所以随着对方的战略逐渐形成，每位棋手都会将比赛视为是频繁交替地做决定（这些决定既会受到游戏规则的限制也总是会受到对手行动的限制）和回应对手。

　　在国际象棋中，只有白队的第一步棋是完全"自由的"，所有接下来的步法都是对手上一步棋一定程度上的必然结果，因此下第一步棋的人总是会占据一定优势。同样，在网球比赛中，发球方占有明显优势，所以发球规则里对发球方也有明确的限制条件。轮换发球能够进一步去除发球方的优势，排球比赛亦然。之前我们讨论过自由的对抗，有人渴望维护自己的自由而抑制他人的自由，如有必要还会去"击败"他人的自由。竞技性游戏所反映的正是冲突和斗争的这个方面——它们的持久流行则表明这样做是成功的。利用比赛里的这种良好条件（环境公正、后果没有永久性），人们可以反复体验和践行生活的基本特征之一，即自由的对抗，而由这一对抗引发的冲突则会造成相互的抑制。这通常比胜败更重要。我们若想"打场好比赛"，就会选择水平相近的对手，而非可以轻松击败的初学者或菜鸟。

　　我们若想最终取胜，当然要有一定技术，但也须有一些运气——这是赌博的关键因素，而对手则可能是化身为老虎机的宿命。在集体运动中，如足球运动，人们则要学会合作、传球、实施共同的策略。最后，通过比赛，人们会习惯于不仅胜利有光荣而且失败亦有尊严。游戏成为中学和大学教育的一部分并非偶然。无论何时何地，玩游戏都能陶冶公众生活，开辟法治之路。柏拉图认为，精心设计的游戏对立法者来说可谓是至关重要。

❧ 思考题 ❧

- 儿童游戏与体育运动有何异同?
- 你能从戏剧表演、小提琴演奏或打牌活动中发现玩乐的什么特征?
- 玩乐能告诉我们关于人类自由的什么特性?其中规则和裁判的作用是什么?
- 人们还在何处成功地引入了规则和裁判?
- 为什么我们不将游戏中的规则视为限制?为了促进而非限制游戏的自由,应该怎样制定规则?
- 举例说明游戏规则中表现出来的不同的"公正"。

11

语 言 游 戏

在学校念书或进行阅读时,我们大多是在以书面形式接触语言,但这种形式并不具有人情和"生命"。前面我们已经提过,语言既可以是形式上的、依照句法的,也可以是语义上的。我们学习外语时这两方面因素都有,从而可以获得"语言能力"。然而,语言的最基本形式则是口语:演讲,对话,即乔姆斯基所说的"语言运用"。于是也就有了语言的第三个方面:我们如何使用语言,以及为何使用语言,这个学科被称为语用学。语法、语音、词汇(这些只是一系列规则和选择)使我们能够思考、说话、写作、理解。同其他"选择"一样,语言也是只有在使用时、有说话者时才"存在"。

在这方面语言与玩乐非常相像,它们都由一系列选择和规则组成,使用者通常并没有发明但却都会接受这些规则,并会在其提供的框架内开始游戏。正如玩家进入游戏,参与谈话的人则会进入语言规则的世界,游戏中的参与者轮流采取各自的"步法",即话语。我们可以有不计其数的语言游戏,从相当轻松愉悦的,到充满竞争和冲突的,再到令人害怕和悲剧性的,不一而足。因为语言游戏经常与生活息息相通,所以不能说其后果对生活没有永久性的影响——可以说,实际情况恰恰相反。

　　语言游戏本身并不是目的。语言游戏总是存在于某种具体情景中，参与者有自己的利益和目标。毕竟，语言的存在并不只是为了传递信息，虽然读课本时可能是如此。大多数情况下，人们聊天只是因为聚在一起——在家里，在公交车上，在办公室里。语言创造和维系着人类社会。如果我们不跟某个人"讲话"，这将会是一件很严重的事情，（就当下情况来说）是一种冷暴力。我们还有叙事语言：童话、戏剧、小说，将我们带到由语言游戏构成的另一个世界。办公室、法院、学校、商店、教堂和恋人之间的语言大相径庭，所以语言才会有如此丰富可用的词汇，来发言、谈话、演讲、聊天、瞎扯、说长道短、告密、诅咒、顶嘴、讨价还价、达成协议、满足各种需要。你可以出言无状、畅所欲言或词不达意，你也可以"叫"停某事，电话呼"叫"，上门访"问"某人。由此可见，我们的祖先虽说不懂语法和语义，但对语用学却是了如指掌。

　　前面我们也曾提过，语言区分三种"人称"，即第一人称、第二人称、第三人称。语言学家指出，是说话人（发言人"我"）在向听话人（"你"）谈论某一对象，这一对象广义来说就是主题。话语也有不同类型。其中最常见的是指示性话语，它对应于语法中的直陈式："窗户开着。"在这一话语中，说话人将听话人之前未知的信息传递给听话人。话语的重点在于主题，即指称对象，话语存在真实性问题，即这是真的吗？同样的语言结构可以用来表达真相或谬误、谎言或欺瞒，它们都是指示着某事。接着由听话人来设法处理信息：接受或拒绝、提问或掩口偷笑，就在给定规则的框架内做出回应，从而成为听话人。指示性话语的特征是"事实性"，它往往比较冗长且总是出现在书本、讲课和其他类型的独白里，听话人仅仅是听众。在这种情况下，我们也许会问谁是真正的听话人、听话人对此了解多少。而这也正是尼采称《查拉图斯特拉如是说》为一本"给所有人和不给任何人的书"时所想的。电视里的参与者彼此直接对话，但真正的听话人却是在家里坐在电视机前的人，精明的政治家心里都很清楚这一点。

　　与指称对象相反的话语则是这样的："窗户开着吗？"至少乍看之下说话人是想要知道些什么，但也并非总是如此。我们可以用同样的形式给出反问句或反语，或者说话人也许并不关心窗户是否开着而是另有意图——比如想看看听话人是否会说汉语。这种指称对象的混淆其实很常见，特别是在问句中。捷克哲学家兼科学家埃马努埃尔·拉德尔（Emanuel Rádl）常说，"外面天气怎样"的回答往往是"穿上外套"。我们如果问"你能告诉我下一班火车什么时候开吗"，我们期望的回答并不是"我能"。像"你能打开窗户吗"这样的问话其实并不是提问，而几乎是等于"打开窗户"，这是一种规定性话语。在规定性话语中，说话人有一定的权力、命令、请求或询问，他想做（或不做）什么但却是由听话人去执行。说话人有可能比听话人地位高，如老板、指挥官，或者是像个恳求的乞丐跟他交谈，或者是歪曲和改动关系以达到目的，因为关键就是要达到目的。与指示性话语不同，此时区分真相、谬误和谎言并无多大意义。真正的问题和规定性话语一般都很简洁，语法上用第二人称，通常出现在对话中。

　　另有一种具体的话语类型，这种话语不是关于什么，而是通过言语来实现什么："我可以出去吗？""可以。"这种施为话语的听话人显然带有某种权威，而说话人则依旧很模糊。就像某个小行星的国王告诉"小王子"太阳总是如何听从他的指挥，而他只需小心地在正确的时间下达命令。此外还有一种值得注意的施为话语就是承诺。承诺的特征是它总是在描述未来，说话人因此也就要承担义务。这可能并非很频繁，但却一直都被认为非常重要，许多语言里都有"许下诺言"这种表达方法。这一点很有趣，难道不是吗？

这里我们回到对话这种语言游戏的基本形式上来。弗朗兹·罗森茨威格（Franz Rosenzweig）认为，演讲和其他形式的独白让大多数参与者只需用到耳朵。对话则不然，对话的结构更为丰富，总是会有意想不到之处。我们当然可以期待一位即将进行演讲或写东西的人知道话题是什么，但我们却无法提前知晓对话的主题。而这则正是对话的令人兴奋之处——也是危险之处。这并不是说发起对话的人不知道自己想要谈论什么，而是说对话的内容取决于每位参与者，而非仅仅是其中一人。没有人能够事先全盘准备好所有的论点和意见，没有人会知道对话的走向。

要建立对话，参与者就要提供想法和话题，而一旦谈话开始，就会以其内在的逻辑和隐含的主题为基础变得如行云流水，由此及彼。如果参与者任由其自行发展，对话就会跑偏到原本没人会涉及的内容，好的对话会让你无法清楚地记得谁说过什么，但你却知道提到过什么。这正是柏拉图在第七封信里的著名段落里想要表达的，即摩擦两块木头带来的火花。这也是我们想通过讨论得到的。这还是捷克斯洛伐克国父托马斯·马萨里克说"民主是一种讨论"时想要表达的：想要实现民主，就要求参与者对民主有大致相同的理解（而这一点在政治上则十分罕见）。

因为对话是纯粹当下的、全然暂时性的，不可以跳过或加速，所以一切都得以自然的速度和顺序发生；因此，对话也不会无穷无尽。虽然对话是哲学的基本手段，但也不能长篇大论，哲学家会使用柏拉图式对话的形式。无论是否有书面形式，独白、讲课和条约都是事先拟好的、现存的、经过深思熟虑的，说话人只是假装在和观众说话。

录音也能起到同样效果，所以听课才会让人感觉痛苦。

当对话出现问题时，我们就能很好地认识到对话能够而且应该是怎样的。最常见的是舞台上的对话，例如我们在电视上经常能看到，参与者假装彼此交谈，实则对彼此并不感兴趣，因为他们真正的目标是电视机前的观众和选民。打断另一位发言者是假对话的典型迹象。这表明打断者并不在乎对方所讲的话，对对方说的话也并不感兴趣。所以他们也就无法从对话中真正学到什么，对话其实毫无所用，这对被他们打断的人和他们自己来说同样如此。

对话是一种真正民主乃至平等的行为。因此，如果有观众，对话就不会成功。同样，存在任何形式的权威也都会不利于进行对话，这种权威要么会过分坚持己见，要么会让他人畏缩。对话可以让人热血沸腾，但不能是人身攻击；唯有共同的谈话才是对话，而非言语攻击或互相抹黑。就像有些人不会公平竞争一样，也有些人会被认为"跟他们说不到一起"，即不能和他们进行对话。这是因为对话确实是一种言语游戏和非零和博弈，其输出多于参与者的输入总和，只要他们自己允许这种情况发生。

思考题

- 为什么说言语起源于对话？
- 试着把对话规则变为一种语言游戏。什么行为可给黄牌和红牌？
- 说一说不同类型的言语游戏和言语方式。解释一下它们之间的差别。
- 思考一下立下承诺和兑现承诺之间的时间结构。
- 为什么说"民主是一种对话"？民主的优缺点各是什么？
- 如何使对话的输出多于参与者的输入？你是否体验过这一点？

12

时　间

"时间是什么？无人问我时，我很明白；每当有人问我而我想要解释一番，却茫然了。"伟大的基督教哲学家圣奥古斯丁如是描述时间。十五个世纪后，他的话语仍同当初写下之时一样站得住脚。时间如此不言而喻又微不足道，我们却无法准确地描述什么是时间，真是让人窝火。前面我们提过语法里的不同时态如何表达时间，电台会播报"准确时间"，短跑运动员有达到个人最好成绩的时候，有些人觉得自己有"无穷无尽的时间"。成年人通常都会觉得"没有时间"，老年人则喜欢回忆"旧时光"；另外我们还有这不是做某事的"恰当时候"的说法。这都是什么意思？它们的意思都一样吗？很难说。所有这些说法之间又有什么共同之处呢？

在许多俄罗斯笑话中，有一个笑话讲的是一个虚拟电台叫"埃里温电台"。它的时间播报是这样的："现在是十点整，哔哔哔。我重复一下，现在是十点整……"这个笑话有趣在哪儿呢？因为时间在不停流逝，所以确切的时间总在"此刻"，但却不能重复。准确时间只是一些数字，它们曾经是根据太阳来加以计算——所以我们沿用年、月、日、小时，虽然如今则是由精确的电子时钟用数字呈现在显示器上。

亚里士多德说，时间是关于前后运动的数。他所谓的"运动"是指太阳的运动，白天和黑夜不断更替，但我们也可以把它看作是摆锤的运动，或其他重复的稳定运动，只要能进行计数。而这其实就是电子时钟的作用。

时间可以被测量，但什么是时间呢？就是测量出的"此刻"的时间吗？那何时又是"此刻"呢？我们只能体验自己的"此刻"。科学也不考虑"此刻"，因为"此刻"可能只是"我的此刻"，我知道这一刻永远不会回来。沉浸在科学中的人可能会想"此刻"是沿着时间线移动的点，总处于我、你、他的所在之处。毕竟这就是整个世界，因为过去总是在该点的"左边"，已经消亡，而未来则在该点的"右边"，将要到来。但过去已经过去，未来尚未到来，存在的只有现在。

那么，什么是现在？你现在正在读一本书。你正在逐字阅读，随着每个字出现在字里行间，你把字组成句，试图理解整句的意思。我在阅读、说话、聆听时，总是在"此刻"这么做。我听到某个字、某句话时，会在某个没有维度的"时间点"只听到一个声音或语调，它们也许只是一种波动。要逐字逐声地说一句话需要一定时间，不可能同时说出一整句话。但与此同时，我则是在"此刻"听到这句话，不用在记忆里去搜寻刚才的声音或词汇。正如圣奥古斯丁描述过后来又经胡塞尔分析过的，歌曲的旋律更有这一特点。想象一下你听到有人用口哨吹曲子。你马上就知道它出自哪里，如《黄色潜水艇》。即使你不识谱或分辨不出升 C 调里的 G 音，你也能认出这首曲子。那个人"此刻"正在吹口哨，而我则听到了，似乎这一切就发生在当下。

我们应该说"现在"而不是"此刻"，因为这并非物理学想象中的时间线上的某点，而是具有一定深度、广度、跨度的某点。跨度的长短取决于我们做的是什么。毕竟，present（"现在"）一词来自拉丁语

praesum，意为"我的面前"，表示我们在特定时刻所面对、参与、关注的东西。我们之前讨论过，集中注意力可以使我们在视野范围内选择感兴趣的对象。此外，我们如何认识现在也是至关重要。等火车而无所事事的人，会觉得时间过得慢吞吞的，而属于现在的时间又很短暂，所以无法串联这些时间。但如果我在看一个激动人心的侦探故事，一切都"在我面前"就像正在发生一样，那么从一开始起我就会沉浸"在故事中"。等到电影结束，我揉揉眼睛，想知道时间有多晚了，这时我往往就会感叹一句："时间过得真快！"因此，对陶醉在故事情节中的观众来说，现在的时间马上就过去了几个小时。对去听音乐会的人、下棋的棋手、讲课的老师来说也是一样——他们的现在就是他们参与其中的全部时间，否则也就毫无意义。几个世纪以来，我们已经探明，常人可以集中精神的时间是一个小时或必要时两个小时，所以学校的课程、电影、音乐会、弥撒和足球赛都不应该持续比这更长的时间，否则参与者就会打瞌睡。

因此，我们不断生活着的现在是一个相当复杂的结构。一方面，我们紧握过去；另一方面，我们又会预测未来。我们对现在有一定认识，知道通常日常生活中会有什么。一切都照预期进行就会让人感到无聊。所以我们才会愉快地看起内容无法预料的西部片。主人公坐在酒吧里品酒，突然"砰"的一声，出人意料的事情发生了。如果我们没有期待接下来会发生什么，也就没有惊喜的余地。有人正在隔壁学弹琴，每次都在第三节犯错。这为何会如此让人难以忍受？因为我们知道本"应"如何，但结果却出了差错。

过去和未来 [胡塞尔称为"滞留"（或译"回顾性"）和"前摄"（或译"前瞻性"）] 奇妙地连接于现在，正是时间这种现象的核心所在。电影结束了，才能真正成为我的"过去"，成为一段封闭的时间，成为属于之前的现在。此时它则是一个连贯的故事，我将会记住它并能向他人讲述。正如过去和未来结合到现在一样，个别的时间单位结合为更长的时间——学校的课程形成在校日，日子演变为季节和岁月，岁月则创造出我们的整个人生体验。细究起来，正是这种把过去保留到现在的能力使我们能给运动"计数"。亚里士多德说，计数的运动之外必有能够保留这些计数的精髓所在。所以我们能在一定限度内对运动进行心算，如步数、心跳，只要我们仍然视其为现在；至于对日子和星期进行计数，则必须在树干上做标记，即鲁宾逊的做法。

这里我们谈到了一个重要的特点：滞留是不同于记忆或回忆的东西。我无法很清楚地"记得"此刻行动的过去一段，我记得的是已经永远过去的事情。目前的行动、犯罪故事、戏剧或游戏就在我面前，因为我当下正在关注它们。一旦我的注意力从这一主题上转移开去，若是我必须想起每个单独的时刻，我就只能谈及回忆。如果我又想回到那一主题上，我就得慢慢唤起回忆："后来发生了什么？"或"上次是到哪里了？"

记忆让我们知道，我们记住的不是线性的事件、过去时间的连续踪迹。我们生活中的"无聊阶段"只会被一笔带过或根本就不会记得，而那些戏剧性和有趣的时刻，特别是童年时候的，我们则能惊人地记得许多细节。重建自己的真实生活极为困难，几无可能。因为正如历史学家所说，我们的记忆既不连续，也没有刻着日期。我可能会回忆起很久之前的事（它们在我眼前栩栩如生），但对其发生的确切时间却是毫无头绪。我得思索这是否发生在我结婚之前，或者那时我的孩子有多大，等等，就像是在看着一张没有标注日期的老照片。同样，事件的顺序也是如此，除非有某种直接联系，否则它们就可能会在我们的记忆中被丢失或混淆。

如上所见，时间是通过对过去的滞留和对未来的期望而产生的①。但对我们来说，过去和未来的意义则有天壤之别。过去的经历可能让我们走到了此刻，以某种方式形成了现在的我们，但它本身已经过去了。而我们对指日可待并翘首以盼的未来了解得也并不多。我们将想法、忧虑和希望都投入对未来的期待。当未来变成现在，我们能够正确地进行判断并做好准备是很重要的。但这并不是预录的电影，只为我们每个人而上演（虽然也有一些哲学家以这种方式想象过）。未来只有在成为现在时才会到来，而这则取决于我们如何去实现它。

对于未来如何成为现在，海德格尔将其描述为两个不同因素的交替和碰撞。首先是我们向未来投入的计划、想法、活动，我们很想实现它们。但与此同时我们也会不断遇到非主动选择的事情、各种限制和障碍，当然也会有意想不到的机会。有时我们会觉得自己被扔进了一个没有与我们商量过的世界（海德格尔的"抛入"），但却仍须接受这个世界。只有在我们的期望与"被抛入"、我们的活动与被动接受特定情境的碰撞和融合中才会有一些真实的事情发生，想象中的未来才会成为现实，无论我们喜欢与否。我们可以用大量例子来阐述这两个重要因素，但让我们先回到前面讨论过的一个主题：玩乐。我们在描述玩乐所揭示的人类行为的特性时用的是"划界自由"这一表达。现在我们可以说得更具体一些。在网球比赛中，选手经历了两方面的交替和碰撞：一方面是他们的期望，例如发球、战术、目标；另一方面则是"抛入"，即被迫陷入不是自己所希望的而是由对手及其回应和反击所形成的局面。同时，我们也为对手缔造了被抛入的局面。轮流的原则将这些游戏与现实区分开，用简化的形式使我们能够瞥见在任何

---

① "时间就是运动中的灵魂的生命。"——普罗提诺

人类处境中内在的东西，但这一点也并不总是那么容易看到。

　　回到我们存在的时间本质上来。我们已经注意到，与全神贯注于当下的时刻相交替的是"空虚"的时刻，这时我们会四下观望并等待下一件事发生，或者是退后一步远观自我以看得更远。所以我们的预测可以在更近或更远的视野和目标下进行；当我们拥有一定的视野时，我们就可以试着去预估未来会给我们带来什么样的可能性。讲完课我要去吃点东西，我打算明天去听场音乐会，下周去拜访姑姑，明年写完一本书。十年之后，我还会活着吗？也许会，但五十年之后肯定已不在世。我们虽然并不知道具体是何时但却都确信自己总有一天会离开这个世界。无论对死亡抱有何种想法，我们都明白，这意味着我们的期望和作为人类的可能性将会结束。尽管我们很少会提及也不太常去思考这件必然之事，但我们却时刻都意识得到，所以有时我们会觉得"没有时间"。这也是我们不同于动物的另一个重要特征。

　　意识到"人生有限"这一本质，给我们的时间和时间性增添了某种特征。图画或形状必须是有限的以便我们能看出它们的样子，即一眼就能看到整体，而一条线或不断重复的图案则是无限的。同样，"生命有限"这一本质也使我们试着将其塑造成某种整体的形态；这其实刺激着我们，迫使我们去做出各种尝试。如果生命有限，我们就应把它塑造成一个整体、一种形式，或者更准确地说是一种时间的形式、一个完整的故事。我们已经谈到过自相矛盾的一点，即限制反而激发了人类的创造力。下面我们来仔细看一下这一事实的具体表现。

　　如果把生活看成一个整体，它就应该以某种方式总是处于现在。简言之，一个人应该总是能够坦白面对过去，并应该总是按照将来不会感到羞愧的方式去行动，这样这些行动就能串成整个故事情节。当然，这并不意味着生活就该从开始到结束都沿着直线行进，故事也并非如此，而总是错综复杂，富有戏剧性。但要使故事连贯，就必须有这么一些要素，其中之一就是承诺。履行承诺的人其实是承认了过去的事情是有效的。他立下了承诺，这是他的人生故事的一部分，所以承诺依然有效。每个人在生活中都定会有一些宁可没有发生的事情但却已经发生了，而且更重要的是，这些事情还是我们自己做的。我们如果想让自己的生活成为故事，就得承认并担当后果。

你可能已经注意到，我们在解释时间时不断地涉及行为、生活、人类存在。这绝非偶然。海德格尔认为，说我们活在"时间里"并不准确，因为生命本身就是时间。这让你觉得奇怪吗？许多稀松平常的事情都证明了他是对的。说自己"没有时间"去做什么的人，不是说他们不知道时间或失去了时间感，而是说在日常生活中没有空闲时候去行动。也就是说，这个人无法或不愿拿出一部分生命去做这件事。这也是通过"剥夺一段时间的自由"来惩罚罪犯这种现代思维的出发点。过去对犯罪的惩罚是直接处死或砍去罪犯的手。随着时间推移，欧洲人认为砍去人的身体部位是一种野蛮行径，于是就提出要没收人的部分生命。当我们说监禁就是剥夺某人的自由，这确实意味着要夺走他们生命的一部分。美国人说"时间就是金钱"时并不是说时钟会掉下硬币，而是表明我们可以（且确实也在这么做）把我们的部分生命变成金钱。我们把生命的很大一部分都出卖给雇主去做原本不会做的事，以便在余下的时间里做真正想做的事，如玩游戏，此时时间就不是金钱。

我们说过，"此刻"并不总是"我的此刻"、我的现在，但唯有在当下而非其他时候我们才会接触世界和认识他人。当下就是相遇之时，我们各自的"此刻"相互交织，齐心协力地行动。为此我们需要同步：听到发令员的枪声或"1，2，3，开始"的喊声，运动员开始赛跑。这种声音是一个事件，是个体"此刻"的共同标记，因为有它才有共同的活动和同步（例如"用力拉呀！"）。手表也能实现该功能，当短粗的时针向上指，细长的分针指着特定数字，交汇成雪人模样，说白了就是八点钟，我们就能准时在学校见面。有了时钟和日历，我们在当下以外也能做到同步。共同（海德格尔称为"公共"）时间的发展历史，与共同的活动相联系。直到并不是很久之前，太阳就是时钟，即决定共同时间的事件，其顶点是中午。不同经线的地方时不同，每经度有约四分钟的差别，在欧洲中心的纬度上每经度约为75公里。快速旅行和铁路旅行的飞速发展使得有必要引进时区，现在时间不是由太阳来支配，而是在每个时区内都相同，两个时区之间有一个小时的差别。

因而，时间并不只在当下被共享。我们也曾提到过承诺。通过承诺，我们和对方之间建立起某种时间共同体："九点车站见。"因此，最初是出于实际考虑，现今世界通用的计时方法被称为格林尼治标准时间。虽然现在时间不再由太阳支配，因为太阳的运动不够有规律，但同样出于实际原因考虑，太阳依旧是传统计时方式，并力求展现出无形的时间。虽然时钟上的正午是太阳升到顶点的前后时分，而非正好在顶点，但可以肯定的是绝对不会有黑暗的正午，太阳也不会在午夜升起。这并非易事，历史上对于年份的计算就曾发生过类似之事，儒略历因为移去了太阳时间的整整两个星期而不得不进行改革。

由此我们也就可以更加根深蒂固地去体验共同的时间和共同的节奏。我们身体节奏的"吟唱"：心跳、呼吸和行走的节奏，一直伴随着人的时间。音乐里的时间也正是基于此：意大利语 *tempo*（节拍）的原意为"时间"，中速的 *allegro moderato*（中快板）接近于心跳的节奏，较慢的 *andante*（行板）的字面意思是"行走"。音乐节奏几乎是不由自主地与我们保持同步。有游行乐队在演奏时，你可以试着去沿街大步行进或慢走，你不太可能不随着音乐节奏去行走。一起歌唱，喊口号，或者只是"用力拉呀"之类的喊叫——这一切都创造了一种很特别的无意识团结，这种团结比我们所知的许多其他联系都要强大得多。所以辛苦劳作时总是会有节拍声和歌曲相伴，它们也是军事心理学中不可或缺的内容，而且它们还经常会出现在集会、示威和革命中，成为操纵群众的武器。有了节奏，人们跳舞时的集体感就会不同于说话时，从而也就可以切实地感觉到摆脱了孤独乃至自我。

思考题

- 考虑一下在什么情况下我们会使用"时间"这个词和由它所衍生的单词或短语（按时、及时、失时、适逢其时、三次）。
- 关注一下在不同情况下我们的现在能有多"长"。
- 描述一下人与人之间的时间同步，例如百米赛跑开始之时。
- 未来是（或不是）"预设好的"这种观点对我们的自由有什么影响？
- 记忆和对过去事件的意识有何益处？什么是经验？
- 小孩子的时间意识与成年人和老年人的时间意识有何不同？
- 节奏对我们来说有什么用？我们可以支配节奏吗？
- 留意身体的节奏如何将我们与大自然和他人相联系。

13

科学与知识

"你觉得是这样吗？""我不是觉得是这样，而是知道是这样。"与"推测""相信""认为"不一样，"知道"意味着不仅是笃信，而且断定我们有支撑和证明观点的根据，能够论述背后的原因并说服他人这是真实的。我所知道的不仅是我确信的，还有无可辩驳的推理、证明和经验。人可以一直按照被重复告知的做法去生活，现实生活中有许多人都是这样。即便事实证明那些做法不对，那也只是听人所说的做法。但要去"知道"则需要勇气，那种独立观察分析和思考的勇气。我勇于依赖的并非只是道听途说，而是还有我自己所知的。

我怎么知道我所知的东西？抛开从别人那里学到的东西（如地球是圆的），我们也可以从经验中去学习。我可以把手伸出窗外看看外面是否在下雨，我可以打开钱包看看里面是否有钱。此时的经验来源于感官，但感官也会欺骗我们，如酷热的天气下柏油路看起来是潮湿的。明智的人会停下来思考：柏油路怎会在这么热的天气下变潮湿？仔细一看，路还是干燥的。原来是光的衍射使柏油的表面"反射"后看起来像是潮湿的。我所见的事物可能有各种形成原因，而我的第一个推论则是错误的，因为我不假思索地选择了最常见的原因。然而，这种错误并非源于视力,而是源于我根据不完备的感官体验所做的误判。我们与其说是被我们的感官误导,不如说是被我们的判断所误导。但众所周知,我们在日常生活中并不会区分感官和判断;我们看不到光线的弯散,所以就会推断这条路是湿的,从而看到一条"潮湿的路"。

我们如何才能发现这种错误?首先,我们要有类似的经验,如"闪光的未必都是金子"。也就是说,我们需要批判思考。其次,我们要能结合生活经验——太阳暴晒下会出现潮湿的路面?这不可能!一旦有疑虑或重要的问题,我们就会想法通过进一步的体验(如仔细观察、从不同角度去观望、触摸路面)去证明或反驳初始印象。越是能得到多种感官经验的支持,我们就越能做出肯定的判断。如果觉得自身经验不足,我们还会去寻求他人的看法。

第一印象无须人的特定意识活动,而纯粹就是看看而已。所以有些人认为这是最可靠的:"我亲眼见过!"但因我们的感知系统被设定用于最常见的情境,它必须迅速可靠地做出反应,所以它会"走捷径"从而就会经常让人看到非真实的东西,如潮湿的马路。如果我不想让自己如此鲁莽地去下判断,就得运用理性。我不能再依赖于所见,而是要设法联系感官经验。只有这样,用言语表达的经验才能与其他经验或他人对此的经验进行对比和正视。我们知道,阐述经验并非易事。人在努力描摹不寻常的经历时,可能会低声咕噜迄今为止的结果:"我会……刚才钱就在这里,等等,还是在另一间房里?"假装我们正在和人商讨,这能帮助我们逐步前行,不再被鲁莽的判断所愚弄。

能最出色地表现和阐明这种手段的娱乐形式就是犯罪故事。犯罪故事把犯罪现场发现的"事实"与侦探、警察和证人的经历放在一起,接着就是警察和无罪的证人都被含糊的事实所误导,罪犯安排他们走入歧途、脱离正轨。因为他们满足于第一印象(柏拉图称之为"纯粹的想法"），所以他们最后走进了死胡同——为什么在谋杀发生时银行家的宅邸里没有人，而具有批判性思维且老谋深算的侦探则能够认识到，上流社会的证人眼中确实"没有人"，或者说没有上流阶层的人，但是园丁呢？没错！然而，犯罪小说的读者非常在意的一点是，只能由犯人和警察来玩这个游戏，而不是作者和读者。如果作者隐瞒了侦探所发现的东西，我们很快就会把书放下，认为它写得不好，毫无意义。

　　侦探故事里问题丛生，困难重重，让人惊慌失措，只能寻求理性思维的帮助，于是也就有了伟大的侦探专家福尔摩斯。权贵们纷纷跑去乞求他们唯一的希望，即这位衣衫褴褛但却才智非凡的人。这清楚地表明，当事情迫在眉睫时批判思考多么有用（或必要），于是许多在现实生活中被低估而感到失意的知识分子都把这看作是最佳素材，所以该体裁也就总是有着不朽的人气。

　　迄今为止我们一直在谈论的都是如何通过感官获得经验。这一点在日常生活中最为常见，所以某些哲学家就认为感官是我们获取知识的唯一来源。但实际上没有感官的参与我们也能进行学习。这虽相当罕见，但却非常有趣，因此也是历代哲学家的兴趣点之一。举个典型例子：一个五边形有几条对角线？不记得答案的人只需思考片刻就能得出正确答案。如果有人足够聪明，能够举一反三，那他就可以推算出公式以得到答案，而这个公式则适用于所有多边形。若没有丰富的想象力，那么画图也会对我们有所帮助。请注意，这里一直没有涉及感官体验；而画图也只是为了帮助我们进行思考。

　　我们如何去思考这个问题呢？从每个顶点出发都有相同数量的对角线，所以对角线的数量与顶点的数量有关系。对角线会到达所有顶点（除了左右相邻的顶点和最初的顶点），所以到达每个顶点的对角线数量就等于顶点数减去3。（请注意，这仅适用于某些多边形，这些

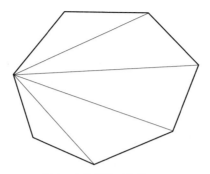

图 1　七边形的对角线

多边形没有在内部的顶点。即该多边形只能是凸面的,所有的顶角都小于 180 度。)每条对角线都连接两个顶点,因此它们在总数中是计算了两次。所以结果肯定是偶数,然后除以 2。所得的数学公式即：$n \times (n-3) / 2$。我们刚刚总结的思考过程就是问题的答案,其实它也是一组同类问题的概括性答案。除此之外,由于这基于无可争辩的事实和通用规则,所以它同时也是一个证明。凡是稍微懂点几何学知道什么是多边形、顶点和对角线的人,必定都会承认其正确性。

这种传统上被称为"理性"(莱布尼茨将其分为"理性真理"和"事实真理")的认知方式很有意思,因为我们其实一直都有这种能力(这也正是康德所谓的"先验知识"),只是没有意识到这一点；更确切地说,这是无须更多外在经验就可以获得的知识。事实上,笛卡尔曾谈到过"天赋观念"。怀疑论者则可能会反驳说,我们的思考过程所得出的一切结果都包含于多边形和对角线的定义中。正是如此。如果有什么东西被其他东西所包含或暗指,总得有人能够进行解释,也可以说是去拆解。大多数人类活动都涉及这种拆解,无论是从水中捞鱼,从谷物中获得淀粉,还是从煤中获取化学物质。这并不是说这些活动没有创意,事实上,哪怕只是发现可以从哪里去拆获什么,都算得上是丰功伟绩。更不用说找到了如何去做这件事的方法。苏格拉底是西方哲学之父,他认为他所做的事情就是在帮助其同胞们发现他们自己的思想,所以苏格拉底把自己比作是助产士。

理性思维的吸引力首先在于它以自己的方式具有普遍性和确定性。它不依赖任何感官体验,因为感官体验不仅结果多变而且还会以各种方式相互融合;正如我们所见,在进行感官体验时,我们必须通过辨认来找出各种物体。相反,理性思维则不涉及任何未经核实的判断,而这种判断则正是错误的"纯粹的想法"最常见的根源。理性思维要求批判思考每一步,每一步都以明确的术语进行,同时每一步也都能被他人进行核实。采用的术语一清二楚,只要弄懂就可掌握所有所需要的知识。不像岩石或狗(它们总是会以某种方式让我感到惊讶),三角形不存在秘密。只要马上去了解三角形,就能知道关于它的"一切"。因为这很简单,所以我也就会难以忘记。然而,理性知识的最大局限也在于此——它只能被应用于逻辑化的、数学的或几何的对象,即理想化的或纯理性的对象。对理性知识及其普遍性和可靠性的发现,也是科学的起点。

古希腊哲学家和古典科学家所建立的科学,旨在获得关于世界真实可靠的认识和理解。只有研究对象本身被明确定义且亘古不变(在理想的领域里,如几何学)方有这样的知识。毕达哥拉斯相信创世取决于数理规律(可能是基于数值分析法的发现),这一法则可用来调整乐器的弦音。弦长缩短一半,音高增加八度;若缩短为原来的三分之二,音高增加五度,等等。整体的比例可以用极小的分母表示成分数。毕达哥拉斯学派提出,与弦音的按比例排列相似,行星也是如此安置,其运动创造出"天体之音"。随之而来的是几何学上的更多发现,如五种正多面体,这在两千年后成为开普勒行星系统的排列模型。

我们谈论科学的古希腊根源,并不意味着在古希腊之前就无科学。中东文化,特别是巴比伦和埃及,造就了天文学和几何学,并取得了令人惊讶的成就。然而,他们总是采用具体方法来解决给出的问题。因此,埃及人知道,如果以3∶4∶5的比例量好一根绳的三个部分,由此形成一个三角形,那将是个直角三角形。但只有古希腊人才明白,这并非只是一个巧合,而更是一个普遍的原则,即毕达哥拉斯定理。所以唯有在古希腊科学才是拥有明确知识的系统,欧几里得甚至试图用一些基本而不容置疑的假设或公理去建立科学的基础。

公理系统之美在于,从不言自明的基本公理出发,能够进一步推断出更加复杂的假设。我们可以从两个简单的例子中看到这一点,这两个例子也展现了古希腊人是如何设想将证明构建成一系列无可争议且显而易见的步骤的。请看图2,这是我们从高中开始便熟知的泰勒斯定理的几何证明。该定理为:若A、B、C为圆上的三点且线段AC是圆的直径,则$\angle ABC$是直角。也就是说,A、B、C三点构成直角三

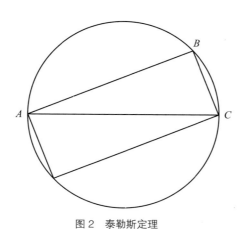

图2 泰勒斯定理

角形。这一表述并不像看上去那么简单，而为何如此也并非一目了然。但我们只需看一下此图，一切就会变得无比明晰——上述三角形实际上是四边形的一半，四边形的对角线等长（都是圆的直径）并相交于圆心，因此三角形必为直角三角形。不过，如果你的几何课本上只显示了此图的上半部分，那么这种关联并不明显，你也就只能相信老师所说的泰勒斯定理是正确的。

毕达哥拉斯定理则要更为复杂一些：在任何直角三角形中，斜边的平方等于两条直角边的平方之和。三角形有 a、b、c 三条边（图中粗线）。图 3 里两个正方形的边长都等于 $a+b$。左图三角形的直角边（a、b 两边）构成的两个正方形，其面积和为 a 和 b 的平方和。大正方形的剩余部分是四个三角形，它们全等于 $\triangle ABC$，右图的正方形里也有这四个三角形，它们环绕着斜边构成的正方形（面积为 c^2）。所以 $a^2+b^2=c^2$。你还可以用纸和剪刀来进行同样的探索。如果你从未见人在学校演示过该证明，那么在这里你就会明白毕达哥拉斯定理是合理的。你之所以能明白，是因为你是用自己的双眼看到的。不

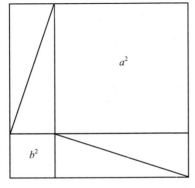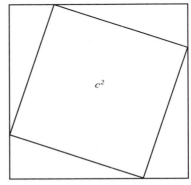

图 3　毕达哥拉斯定理：$(a+b)^2 = a^2+b^2+2ab = c^2+2ab$

过，我们很可能无法独立想出这种简练的证明法。

亚里士多德大范围地扩展了科学的概念，将它应用于所有能够进行系统分类的经验领域。因此逻辑成为语言规则与论证的科学，物理学成为自然科学，另外还有心理学、动物学、政治学、修辞学、诗学、伦理学。他也认为科学是对现实的系统性探索，旨在获得真实可靠的认识和理解。不难理解，当时还没有基本公理，而亚里士多德也不基于此来进行论断，而是满足于认为能观察到的现实就是普遍真实的，任何人都可以进行验证。他根据一个亘古不变的原则来组织主题：对每个主题，我们都可以通过找到包含它的最近的上位（有高等逻辑关系的）词，加上与之相似的主题，从而进行描述，然后阐明能将其与同类别下所有其他术语相区分的特征。因此，人是一种具有说话能力（特征）的动物（通用术语）。亚里士多德的科学概念还是语言学、自然科学和社会科学的基础。在科学术语中，所有的细菌、植物和动物都有双名，即物种和科目，如药用蒲公英和菊科蒲公英。

毕达哥拉斯和柏拉图认为世界由内在单一的理性构成，亚里士多德则觉得秩序是人类经验的系统化组织，这是科学的两个古典根源。如今我们又以有趣的方式对它们进行了更改和增添。现代科学仍以数学的方式去看待世界的基本原则，尽管这不再仅仅意味着小的整数与规则几何对象之间的"美妙"关系，而是还有全然可变的数量关系。现实的数字和几何基础并非了然于目时（如水晶），我们只能对其进行称重和测量，就像集市摊贩所做的那样。毕竟，科学借用了实用的十进制数值转换和阿拉伯数字，这些都是来自于商人。测量结果不是方便的整数并不重要，因为关系会保持不变，并且十进制也使我们易于进行操作。特定的数值毕竟是次要的，而采用变量则正好强调了这一点；无论我们替换成什么数值，对应关系和比例系数才是真正重要的。因此，世界的数学原则不应由数字和分数，而应由函数（即变量之间的对应关系）来量化。所以当笛卡尔在几何学中引入函数后，科学的前方才变得通畅无阻。

由于现代社会只以"科学"的方式忙于正事，即能够可靠地进行衡量，所以正如亚里士多德所设想的，我们的部分经验（即对大自然的纯粹观察）也就失去了意义，并如愿被实验所取代。不像纯粹的观察，实验并不关注我们可以观察到的一切，它寻求的是对所提出的问题作出数值解答。所以只要可以，现代科学也就倾向于用人为控制的实验来指导观察。思考一下，一张纸掉落地上的速度慢于一块石头，但伽利略却明确提出，物体应以相同的速度降落到地面，不论其重量大小。速度的差异是由空气摩擦力所引起。合适的自由落体实验应在真空中进行，这样这种"副作用"才不会使人混淆。这也展现了科学如何与日常经验相冲突——伽利略是对的还是我们只需相信自己的眼睛？这时古希腊传统和经院哲学就能派上用场，因为它们都对即时的印象持怀疑态度，而且寻求到的真理通常都会与乍一看的结论有天壤之别。在太阳运动这一问题上也有类似甚至更严重的冲突。人们总是看到太阳从不变的地平线上升起和落下，直到哥白尼坚称事实恰恰相反。这时伽利略派科学再次获胜，同时也进一步毁坏了人们对日常经验的信任。通过预测将会发生之事，如日食（这近乎是一种超人的能力），科学取得了胜利。英国哲学家兼科学家弗朗西斯·培根第一个注意到，科学的见识为人类提供了迄今为止前所未闻的针对自然界的征服力量。而这则似乎是现代科学的主要目标。①

---

① "科学的真正目的在于用新的力量和发明丰富人类生活。"——弗朗西斯·培根

这种现代科学的数学化非常成功，主要在于一旦可以对事物进行数学分析，就可以进一步探索，最后就能预测它们的行为和特征，并可用数学方式去这么做。我们如果能够计算和量化大梁的承重力，就可以提前知道桥梁是否会倒塌，而不用去建造桥梁然后依据感官体验来得到答案。而且我们可以把相同的计算方法用于任何桥梁。因此，驯服自然就是进行数学化。无法数学化的科学领域，如植物学，因为只能勉强使用亚里士多德的组织事实的方法，所以都被边缘化，而能进行数学分析的学科则不断开疆拓土。到了文艺复兴时期，科学又开始区分可测量的数据（如长度）和不可测量的品质（如颜色）。现代科学设法量化了许多品质，首先是重量，然后是温度、音频；牛顿大胆地提出颜色也可能是一种类似音频的东西，结果证明他是对的。

随着统计学的发现，数学化计划有了新的重大突破。只要我们能够收集到足够的数据，就连看似毫无规律的实验对象的行为也可以随之被数学化，如气体中的分子运动、植物的遗传性状、购物中心购物者的行为。早在19世纪，几乎所有实体就都实现了数学化。所要做的就是提出假设，说明什么取决于什么，然后收集数据来找出这个假设有多大程度（百分比和相关性）的可靠性。这代表着我们对科学的理解有了显著进步。伽利略和牛顿认为自然法则是一种精确的工程，基于上帝创造了自然界。认识了自然法则的人就像是在通过上帝之眼来看世界，因此自然法则就是完美无缺的。这是现代科学的柏拉图式传统。统计方法的假设则要少得多，只表明两个可测量数据之间的相关性，仅此而已。规律也只适用于既定范围内，能做出或多或少准确的预测，但对其内在道理却是缄默不语。即使对于什么是因、什么是果，也需通过给出假设或与参照组进行对比测量来得到[①]。

　　科学的数学化形成了技术（工业技术、社会技术、金融技术）的基础，从而影响着我们的日常生活。而在科学内部，崭新而真正的哲学思想也已形成。19世纪初，黑格尔创设了"世界在不断演化"这一重要概念。直到那时，根据古希腊传统，科学仍只关注亘古不变的原则，任何变化都被看作是一层污垢，掩盖着真实而永恒的真理。黑格尔原本是主张精神的演化，但他这一观点很快就被抛弃；"变化"这一概念成为许多科学领域关注的焦点。当然这也不是随便什么变化，而是永久且非可逆的会产生新事物的变化。意义重大且引人注目的不是一成不变的事物，而是日新月异的事物。这种思想起先包含在历史研究中，然后迅速传入语言学科、地质学和生物研究中。这是达尔文认识物种的关键，也是孔德社会发展观的基础。大多数参与者都没有明显注意到，我们对世界的看法在过去二百年中经历了重大变化，主要就是受到这种演化观念的影响。你还会发现，企业也更加强调发展趋势和走向，而非目前的地位和成果。增减的百分数要比绝对数字更重要。

　　20世纪引进了"结构"和"信息"的观念。这也部分反映了之前的历史决定论和对演化和随时间而变化的关注。但结构主义侧重于不具有时间性的原则和规律，它们是"结构化的"。在我们周围，特别是在生物体和人类社会及文化中，存在显而易见的相似性和结构，它们展现出相近的方式。土著部落社会的语言、数学和结构规则都表现出相似之处。生物体既不是笛卡尔所认为的机械产品，也不是化学和能

---

① 药物的有效性是通过将使用该药物的实验组的病情发展与未使用该药物的对照组进行比较来确定的。

源系统；生命中首要的是由受信息交换制约的分子、细胞、器官构成的各种组织。没有什么是一成不变的，生物体都有能力去调节和平衡外界产生的波动。恒温生物无须通过保护自身免受外部温度变化的影响来维持恒定的体温，因为它们自己就能"监测"这些变化并积极调整。这叫反馈机制，但却不是化学链或能量链。这是信息链，尽管是通过化学物质或电流来传送的信息链。

"信息"这一概念已经改变了我们如今生活的世界。八十年前没有这一概念。而且它也是数学化的并且依然同数学密切相关，但它却又是一种不同的数学。它无须测量，而是会去制定结构的规则。代数和信息统计比微分方程更重要。"马尔可夫链"（Markov Chain）是一个很好的例子：对于每种语言，都可以确定平均字长或某个语音之后产生另一个特定语音的概率。如果我们让计算机生成具有相同统计属性的随机字母序列，那么我们所得到的文本并不会有意义，但若不仔细看，文本就会极其类似于书面德语或英语。信息及其处理如今不仅主导着行政机构和各级政府，同时也维系着诸多产业，并为分子生物学和遗传学提供了基础。此外，"结构"和"信息"这两个概念还有助于实现跨学科的科学项目和尝试，这些项目和尝试的动机经常都是想要更好地去应对环境问题，去感知和理解自然界和地球，总的来说就是专业学科常常忽略的那些东西。

上述这一对科学思想史短得可笑的总结，只为表明"科学"根本不是僵化的，而是总有新的想法和概念不断涌现，并会影响到人们的日常生活。就这样，科学不断触及并揪住哲学，哲学不仅是科学的营养媒介，为其提供全新的思想，还要监督科学发展的方向。尽管有天生的冲突和误解，但这两门学科仍旧密不可分。不仅哲学家批判科学如何冥行盲索、四分五裂，同时也有很多科学家钟情于涉足哲学领域，而且这两者都应承认它们对世界的未来负有共同责任。为了获得有趣而实用的结果，科学必须简化。科学不得不忽视现实的多个方面，因为那些方面不可测量，对其目的无益且非普遍而必要。但哲学的任务之一可能也就是提醒我们注意这些模型是方法上的简化，而非整体的现实。

欧洲科学取得的惊人成就与笛卡尔的发现有很大关系，他认为现实无须被整体地考察。我们可以选择细小的部分或特征，只要坚持精确的方法，结果都会可靠而有用。将每个人的发现聚积起来，一个人的研究为另一个人提供跳板，就会有越来越多可靠而确切的发现。当然，将现实分为特定的条目、方面和原则，难免会有某种程度的缺失，就好像我们在做事后分析。精确的方法必须简化和忽略无法确定的东西。所以研究对象越简单，现实的科学图景就会越令人满意。然而，科学方法造成的最严重后果就是，科学家与其实验对象的绝对分离，科学成果与实用价值的诀别。物理学家描述物质的属性并证明物质是可以分裂的，然后技术人员就可以利用这一原理去制造炸弹或建造发电站。从物理学家对任务的定义中可以看出，他们并不关心后者是对是错，他们认为这一点将会由他人来做决定。

然而，科学家也是人类，一旦离开实验室他们就会重新进入我们共同的世界，不断思考对错问题，对给出的答案也要承担责任。关键问题在于现代组织中存在的分化倾向，即将活动与责任一分为二。科学家研究原子分裂，技师建造各种设备，政客决定能否使用炸弹。集中营的看守只是在遵守命令，而他的指挥官实际上则没有亲自杀死任何人。责任应该由谁承担？数百万人死亡，却找不到凶手。对于不那么极端的例子，情况也是一样；想一想汽车，这是人类最成功的技术发明之一，每年汽车都会造成数以万计的死亡，并对我们的城市变得不适合居住负有重大责任。这是好是坏？最重要的是，这究竟是谁的问题？谁应该为此苦苦思索解决方案？应该由谁来做决定？应该由谁来负责？可以将其归咎于某个人吗？

思考题

- 我们知道许多科学的学科，它们有何异同？它们可以按某种顺序排列吗？
- 数学是一门科学吗？它属于自然科学吗？它的具体内容是什么？
- 常规药物和替代药物有何区别？两者能达成某些共识吗？
- 科学有必要知道其影响范围是有限的。这一点如何反映在科学中和科学家一生的思维过程中？
- 科学可以传递价值判断吗？为什么可以或不可以？
- 科学家可以隐瞒价值判断吗？他所属的具体领域对此有影响吗？

14
真　理

我们在讨论科学时无法逃避"真理"这个概念，事实上，我们在谈论语言时就曾提及它。同科学一样，言语只有当某事物是（或不是）真实的时才有意义。这一点可谓显而易见，所以大多数时候我们也就从不注意。"草确实是绿色的"与"草是绿色的"意思完全相同。骗子也希望别人能相信他，否则撒谎也就没有意义。但是关于真理本身——什么是真理？这自古以来就是一个经典的哲学问题。真实的言论对应的就是事物是如何的（事实上是如何的）。如果语句或言论符合实情，那它就为真。如果外面真的在下雨，那么"下雨了"就为真。其他语句，如"1 + 1 = 2"，总是为真。这是最古老且理所当然的真理的定义——对应一致，即阿奎纳所谓的思维和现实的一致性。

这一定义反映了一个非凡的事实，即支配真正的知识的不是利益关系，而是我们致力于去认识的事实。因此，真理就是关于某一事物千真万确和公正无私的知识。真正的知识试图洞悉研究对象的秘密，但又想维持原状。只有这样我们才能真正了解以前不了解的事物，不再对它们产生误解。这种关于知识的真理和真实的概念是科学精神的基础：它强调公正性、科学家（或研究员、法官）严控自身偏见，以及任何人都可重复相同步骤以找出答案，并以这种方式去获得知识。

难点在于，我们会谈论不存在的事物。圆正方形当然不存在，但这句话对应的"现实"在哪里呢？我们所谓的"对应"又是什么意思呢？"这是一枚一英镑的硬币"，这句话也许为真，但康德注意到，这其实并不像任何一英镑的硬币——后者是一个圆形金属物，可以用来去购买东西。但我却无法用一句话去买东西——那么，哪里有对应？任何时候，若是事情一目了然，我们根本就不必提及真相。只有当我们有不知之处，有疑惑之处，我们才会有所意识——简言之，也就是我们开始寻找真相之时。若是有人告诉我"外面下雨了"，我可以把手伸出窗外进行查证。但我该拿"快要下雨了"这句话怎么办呢？其所言之物我可能更感兴趣——而这则正是因为我无法验证其真伪。

我如果对什么事物感到不确定就可以询问他人："这蘑菇能吃吗？"若是得到了他人的确认，我们就可以采取相应的行动。另一种真理论的基本准则如下：如果我们难以在判断与现实之间建立对应关系，我们就可以在两个判断（两句话）之间建立这种对应。这样，真理也就意味着人与人之间的共识。由此则进而衍生出共识真理论（consensual theory of truth）。但这一理论对我们帮助不大；若蘑菇是毒菌，我们却一致认为它可食用，那我们仍会中毒。众所周知，没有什么会比真理更能引起人们的愤怒。如果我的妻子说我的行为像个流氓，她可能是对的，但我们却不太可能在这一点上达成一致意见。

真理的难点可能在于，我们用同一个词（真理）去描述各种关系。让我们从最确定的关系开始，如数学和逻辑真理。这在何时何地对任何人来说都是正确的，通常也均可被证明。在整个都是这类句子的系统（如数学）中，真理就是与系统中其他表述都不相冲突且无法驳倒的句子。这被称为融贯真理论（coherence theory of truth）：真理是内在一致系统的属性。然而，我们生活的世界绝对不是一个话语内在一致的系统，所以该理论只适用于公理系统。但也正是因为这些论断源自基本的话语和公理且总在身边让人可以任意使用，所以我们才会觉得它们既没有什么戏剧性，也很少能让人兴奋。"2 + 2 = 4"必然为真，但这却很难帮助你赢得诺贝尔奖。我们在表述这样的真理时，态度或揶揄或冷漠，对话者也很可能会问自己我们为什么要费心提出来。"2 × 3 = 6"——那又如何？这是真理吗？

在百无聊赖之时，我们也能在各种杂志上读到一些有意思的真理。这些真理作为读物是不错，但对我们的生活却没有多少帮助。没有这些读物，我们一样能活得很好。然后我们还有至关重要且举足轻重的真理，比如前面提到的蘑菇。此时我们就得做点什么去探求真理。某些实用主义者坚持认为，真理就是已被证实的、试过会奏效的东西。但对刚才的毒菌而言这种真理并没有用，因为只有经过事后分析才会有明确答案。另有一些真理只适用于某些时候和某些场景，但却能彻底改变我们的生活。最后，还有一些让人完全依赖的真理：有人宁肯牺牲生命也在所不惜的真理。他们坚持这些真理，这可能无法证明其正确性，但却表明了该真理对他们的重要性。例如，我们可能已经不再认为布鲁诺的科学理论有价值，但却仍然欣赏他的勇气。

所以喜欢扮演哲学家的人常爱说"每个人都有自己的真理"之类的话。事实上，这种立场如今很流行。但哲学家就不会这么说，否则就得立刻停止发表言论。每句话，或者说是每个指示性的言论和问题，都是以真理为假定前提（该真理并非只有我相信）。"每个人"都有自己的真理是柏拉图提到的，他认为这只是一个"纯粹的想法"，没有学会将其与真理区分开来的人就是哲学还未入门。柏拉图的对话总是以这样的观点或信仰开始，但只有当在质疑和论争的压力下这个人开始怀疑自己的想法时，真理才会揭晓——他或她意识到这其实是谬误。像"我说得对"这样的话无法体现真理，但当有人说"你说得没错"时，那就是出现了涉及真理的根本的东西。

真理（起码是有意思、不陈腐的真理）总是存在的，它们会在语言中昭显出来。但这来自哪里？捷克语单词 *pravda*（真理）与动词 *pravit* 有联系，意思是"说话公正"。德语词 *Wahrheit*（真理）和 *wahr*（真实的）源于古德语词 *waer*，原意是"可依赖之物""合同""承诺"。拉丁语 *verus*（真实的）也与古斯拉夫语 *viera*、现代捷克语 *víra*（信仰）有相同的印欧语来源，意思是"我们相信并可依赖的东西"。

这种词语的演变很有意思。现在让我们试着进行一下反向思考：我们不能依赖什么？真理的反面是什么？是错误吗？"2 + 2 = 7"显然是错的，但这却并不能算是谎言；这是一个错误、非真理、谬论（到底是什么取决于我们所身处的具体情景）。在学校里这是个错误，在科学中这是非真实的，但却只有当服务员给我们结账时，无意中听到他这么说，我们才会认为这是"谎言"。若我们抓住这个把柄，他大概会道歉并说是算错了——总之，他会尽量把它解释成错误。但这却仍会让人不悦，感觉就像是有人想欺骗我们，向我们撒谎（尽管欺骗失败了）。一位演员说"我是丹麦王子"，这显然不是在说谎，即使他不会说丹麦话，也从未去过丹麦。孩子们在溪流中寻到一块黄铁矿时，可能会以为自己发现了黄金。这当然是错的，但他们所做的并不同于在路边销售"保证"真金戒指的骗子。真理是"有效的"，表明真理并非只是我们拿来陈述的中立的共识，而是意义重大且（依据具体情况）有或多或少的价值。

现在让我们回到真理的可靠性上来。初看起来，可靠的东西似乎是永垂不朽、放之四海而皆准和一成不变的。由此而论，数学和科学的真理就是可靠的——它们放在定义的情况下都是正确的。通用的真理都是如此吗?我们已经了解到"下雨了"之类的话时真时假。周日晚上,大家都知道中奖彩票是哪些数字。如果有法早一天知道就好了!逻辑实证主义者认为,该真理在之前跟在今天周一毫无二致。但是,该真理当时对某人来说价值百万,而现在对谁来说都是一文不值。还有比这更严重且更具戏剧性的案例。泰坦尼克号在 1913 年沉没,这在今天都可能会让某些人为之感慨不已。但若放在船只离港前一周,这一论断会对人们产生什么影响?它可能会拯救数百条生命;可能会使持有这艘轮船的公司破产;可能会使发表该言论的人被送进精神病院——特别是当这个人知道情况有多危急,或者是带着强烈的紧迫感发言时。希特勒是个恶棍,这个陈述句显然是真实的。但它放在以前也总是真实的吗?放在一百年前这句话完全不着边际。只有在 1930 年代才有一些智者注意到这个真理。希特勒的支持者强烈反驳这一真理,德国少数勇敢的灵魂则坚持真理并为此付出了生命。接着战争来临,等到战争结束后突然所有人都意识到了这一点。说希特勒是个恶棍,这不再需要任何人的任何付出——事实上,这还可以对人们的职业生涯走向有所帮助。但到这时终于了解这一言论是真实的已经太晚了,因为战争失败了,犹太人被灭绝了,德国自身也遭到重创。这些原本都是没有必要发生的事情,只要有更多的德国人及时意识到有些人早已认识到的真理。直到后来才清楚的是,这个真理不仅可靠,而且可以挽救数百万人的生命:这就是它的价值。但唯有之前了解到这个真理才有价值,而不是之后。①

---

① "上帝,让真理回归世界吧!这比和平条约更有意义,比任何联盟更有价值。让世界摆脱谎言比裁军更合算。"——捷克小说家卡雷尔·恰佩克

在圣经中，真理也是在这种意义上存在的。一个先知只要活着就会不受欢迎，因为他会告诉每个人很令人不悦的事情。他甚至还会将那些话说给国王听，所以很少有先知能安度晚年也就毫不奇怪。然而，古犹太人保留着共同的记忆，遭遇灾难时就会记起那个令人不悦的人："他一直是对的！"其他人本应依赖但却忽视了（并为此付出代价）的那些人被认为是先知。先知是罕见又让人沮丧的真理的提供者。福音书里，耶稣说"真理让你自由"。但对那些一成不变、颠扑不破的言论，如"$2+2=4$"，则不能这么去理解。

如果我们想"采用"一个大有裨益的真理，我们就要及时去这么做——在真理变得炳若观火、凡胎肉眼亦可见之前就把握住它。简言之，我们必须在合适的时刻押下赌注，当然也不排除犯错的可能。发明家和伟大的科学家就是这么做的，他们无法完全确定但却能凭直觉而有所发现。伟大的政治家也是如此，他们能够提前猜测前方的危险并为此做好准备。等到了解一切定数才下手的人，最终只剩下我们所谓的"残酷的真理"：即一切消散殆尽后留下的真理[捷克作家卢德维克·瓦楚利克（Ludvík Vaculík）之语]。也许马萨里克总统旗帜上的口号"真理会占上风"表明他也有同样的想法——这句话本身就引自希伯来书中没有收录的圣经的部分。事实上，这句话是对一种信念的表达：一个人窥见了真理就应去遵循。真理终会获胜。占上风的真理（即已被证明和确立的真理）仍是真理，但却也有不同，因为不再需要下赌注；该真理已是众所周知。但若长期以来总有人重复这个真理，那它就会变成老生常谈和兴味索然的"智慧"，让人嗤之以鼻。也许这就是为什么许多人在亲朋好友或至爱之人身边从不聊及最严肃的话题。他们之所以会这么做，并不是因为他们对这些人漠不关心，而正是因为尊重他人。

因而，真理不仅是真话的特征，可以用逻辑公式里的 1 和 0 来表达的东西；而且更是区分哪些事物是合理的和不合理的可能性；同时也是对"真理终会到来"的希望和信念，相信真理终会揭晓，纷争终能得到解决，不确定因素终会在真理的光芒下消散。大多数时候，这种可能性都不会掌握在我们手中（否则我们也就根本不必谈及真理），但我们不论说到什么却都会考虑真理。从来没有"我们的真理"而只有我们寻求和期望之物。这正是费尔巴哈说"我没有真理，真理有我"时所思索的。但若真理只是我们所等待的，那就只有在我们错过接近真理的东西之后，它们才会可叹地来到我们身边。

思考题

- 思考一下各种不同的真理论何时最有用、何时则有不便？
- 我们为什么说"2 + 2 = 4"为真？
- 小说或图画为什么可以说是"真实的"？说它们"真实"是什么意思？
- 对刚刚发现病人得了不治之症的医生来说，"要求诚实告知"意味着什么？对刚刚得知船只正在下沉的泰坦尼克号船长来说呢？
- 咄咄逼人、令人不适的真理可能会危及社会。如何应对这个问题？我们能否忽视或镇压这样的真理？
- 从"我是对的"（在捷克语和德语中意为"我有真理"）这句话里我们能认识到什么？这句话何时讲得通？为什么某些哲学家会反过来说"真理有我"？
- 真理能获胜吗？真理能占上风吗？真理占上风后又会发生什么？

15

尺度与比例

笛卡尔说实体是"广延的物体",即任何实物都可用一定的宽度或尺寸来表征。数学和几何学里的普遍观点是尺寸不太重要:三角形可以任意放大或缩小,其属性都不会受到影响,但这是真的吗?让我们想象一个任意的三角形缩小了十万倍,它仍然是三角形吗?从何种意义上来说是三角形?从几何学角度来说,只看理想的形状,确实是三角形。但作为一种事物,一种"广延的物体",缩小后的三角形根本不可见,因为它会失去宽度。或者我们也可以用本段开头的第一个字母 W 来为例,如果我们把它放大一百万倍,它将会有三公里高,除非是站在卫星上观察,否则没人会再将其视为一个字母。那么,这时称它为字母还有意义吗?

不扩大或缩小事物本身的大小而只是换个视角也会出现类似情况,比如用放大镜、显微镜或望远镜去看。这使我们能看到肉眼不可见的东西,但同时也会使我们看不到之前所见。用高倍放大镜看手指,我们能看到细小的褶皱,这可被用来识别罪犯,但此时我们却看不到手指本身。望远镜能向我们展示奇妙的螺旋星云,但我们却看不到星座或银河系。每次大幅扩大或缩小尺度都能使我们进入不同的世界。我们还是孩童时,可能都想象过如果我们跟个昆虫一样大小将会如何,或者相反像个跨越整个山脉的巨人又将如何。许多儿童故事,如《大拇指汤姆》和《杰克和豆茎》,其实都是跟尺度有关的思维实验。

但是,童话想象忽略了一个重要方面。每扩大一次尺寸,三维的体积会增加到三次方,而二维的面积(如横截面等)则仅增加到二次方。因此,人若是线性扩大到 5 倍,其体重就会变成原来的 125 倍(5^3),而骨骼的横截面积决定着骨骼的强度,则只会扩大到 25 倍(5^2)。对于每个实体,无论是天然的还是人造的,都必须按照特定尺度去"构建",不能毫发无损地急剧扩大或缩小。生物体的大小受到自然界供给的材料和结构要素特性的严格限制,其尺度的最小部分也有限制,因为细胞(即所有生物体的基本单位)不能小于蛋白质分子以微米计的允许大小。一株植物长到两米后,必须开始生产纤维素和木质纤维才能长到五十米。昆虫身体的几丁质结构不足以给大脑提供足够空间,因此它们只能凑合使用神经节。关于原子的结构很可能也会有某种"强度限制",原子序数大于 90 的元素不稳定,会自发分解。

自然界里不同"尺度"的物体似乎都具有相应类型的结构,有着各种不同的限制和强度。然而,经典物理学则认为,构成事物基础并支配所有理性思维的基本原理是普遍适用的。直到 20 世纪,这种规定才被明确推翻。我们没法说某个电子是在"这里"而非"那里",或者说它的速度是多少。把微粒看成微小的躯体或球体,是一种极为粗略的近似。根据我们研究方式上的不同,光子可以表现为微粒或波。微粒的统计行为常会导向看似不合理的结果;然而,这不仅能被切实证明,还能被应用于实践(如量子隧穿)。所以我们也就只能甘心接受这一点,即在日常人类经验的限度内显而易见、无可置辩的东西,在其他尺度上则可能会有所不同或完全不适用。因此,尺度不仅是我们以人类为中心的思维方式的"主观"结果，还能产生质的差异。

需要指出的是，我们感知光线或声音强度的方式并不是线性的，而是对数排列的；若要复刻音量加倍的效果，我们得再将音量调高到四倍，然后是八倍，以此类推。同样，分贝的尺度也是对数排列的（10分贝的差别相当于响度差1倍）。因此，我们的视力和听力能够贯穿极大的强度范围（声音约为1∶1000），这是现代人类在生活中仍然需要的。关于分贝和勒克斯（照度单位）的超载承受力将会对我们后代的感官能力产生什么影响，目前尚不可知。

我们可以计算篮子里有多少颗鸡蛋：3颗或4颗，而非3～4颗之间。想要测量肉类、牛奶和布料，则与传统商定的尺度或单位不同。测量结果可以是任何数量："稍微超了两磅，行吗？"各个单位最初来自于不同的身体部位（1英寸＝1节大拇指、1英尺＝1脚步），后来则是当地惯例（如布拉格新市政厅墙上的铁"肘"管）。启蒙理性主义者无法接受科学的量度竟有如此非科学的起源，所以决定对其加以矫正。于是"米"这个单位就被创造出来，它是半条经线的万分之一长。然而，他们忽略了一件事，那就是我们能够（且需要）以比测量地球母亲要高得多的精度去测量许多东西，因而他们努力的结果只是创设出了一种新的线性测量单位。它用因瓦合金制成并储存在地窖里，但却是与传统的英寸起着同样的作用。如今这被定义为与铯原子的频率对应的波长的不舍入比例关系，它是一种彻底的技术革新。其优点是与时间单位的记述方式相同，不再受太阳支配，而是由铯原子来掌握。

测量也是一种比较，即设定比例，虽然比较的对象是非传统的且其本身并不具有特定意义。探寻世界的数字秩序的哲学家或数学家永远都不会满足。就连我们已知年代最为久远的毕达哥拉斯学派也在竭力去寻觅自然现象间匀整且尽可能完美的比例。我们提过，他们最杰出的成就是发现了弦上的音阶。但在其他领域他们则遇到了很多难题。不过，他们还是算出了月日轨道运行时间的比例为19∶235。这个数字看起来不太漂亮，而且只是一个近似值。但最让他们失望的还是在几何学领域，在这一领域就连简单的计算也做不到，例如圆的半径与周长之比。最后的打击则是量化正方形的对角线与边长的长度之比也失败了，结论是不可计算。到了那时，毕达哥拉斯想要将整个世界数学化的计划也就失败了。

然而，对数学化的需要，即挖掘不是我们自己想到的又可以仰仗的精确原理，却是变得越发强烈。下一次探索是由柏拉图实现的，他所赖以为基的不是数字而是几何形状和结构。正方形的对角线与边长比不能度量确实可惜，但没关系，其比例对肉眼来说仍是显而易见。柏拉图似乎是联想到了一些类似的巧妙结构（这绕过了非理性的问题），并试图运用对称的多边形和多面体来将世界数学化。柏拉图在这方面并未取得多大进展，但欧几里得却是欣然接受了这种想法，尽管他的研究方向略有不同，就连开普勒在一开始也确信对称的多面体是解决问题的出路。然而，商人与科学家在现代早期已不存在不可逾越的差异，并且商人的举止也引人注目："稍微重了一点，行吗？"篮子里的鸡蛋数量与求比量度之间的差别不言自喻。但商人可以随意调整比例的准确度。"不受限制"的准确度就是关键所在。要定义何为"准确"，我们需要建立尺度和衡制，以测量到规范的精度。因此，人人都知道，圆的周长与直径之比是π，约为3.14。更用功的学生可能会记住3.1416，甚至3.141592。若不够精确，只要查阅便能知晓尽可能多的小数位。但即使有千位小数也不是确切的数字，可是又有谁会去在意这一点呢？所以呢？这正是"准确性"的现代定义所依据的——在既定数字的误差范围内。准确的测量是具有已知不确定度或误差的测量。

然而，这些难以量化的比例同样重要。因此，艺术家仍会利用"黄金比例"原则，即将线条分成两部分，使较短与较长部分之比等于较长部分与整条线的长度之比，即比例为 $(\sqrt{5}-1)/2$，约为 3 : 5 或 0.618，因为这被证明具有特别和谐匀称的效果。美学通常都是讲究比例的，当我们看到某个不那么成功的建筑时，我们往往会说"尺度不对"，建筑物在周围的环境中显得突兀而不相衬，情况如同糟糕的舞者或音乐家。对比强调了比例的差异，这要另当别论。人类对此的感知也是无时不在。战争时期的友善行为更加突出，被懦弱包围的勇气更加卓越，谎言之中的真理更加了得。蓝色的背景使黄色显得尤为明亮，自文艺复兴时代以来的所有肖像画家都知道绿色是衬托人脸的最佳背景。我们若想明确表达某个想法，就得稍微夸大说辞；若真想让言论得到关注，在发表之前就得尽量保持缄默片刻。

在时间的领域内亦能实现相似的结果。自然界中动作的速度同样受到化学反应速度和其他信号载体的限制。现代物理学最显著的成就之一就是发现了，从波长达几千米的无线电波到微波、红外线、可见光、紫外线再到超短波辐射的连续电磁波谱，这完全不符合我们的感官体验。我们的视力只能涉猎这一波谱的一小部分，小于 1 倍频，虽然在此范围内已能分辨大量细节，特别是混合信号。因纽特人说他们有描述不同白色的三十多种表达，正如打印机或纺织工人能区分数百种色度一样。而对于声波或压力波，我们的"频带"就要宽得多（约 10 倍频），虽然并非每个人都有绝对音感。通常我们都能分辨音与音之间的关系，即相对的音差。对于频率更高的声波（超声波），人耳是完全听不见的，而较低的常规频率则首先会被感知为低鸣声和嗡嗡声等，在 0.5～3 赫兹范围内的则为节奏声。这与我们身体的生物节奏有明显的相关性，特别是我们能够察觉的那些，如脉搏、呼吸或行走的节奏。此外，我们对最轻微的节奏不规则、情绪紧张、不良倾向都非常敏感，于是节奏也就有了众多可以表达的丰富内容。较慢的节奏一般不算是节奏，如果我们提及岁月的节奏，我们用的就是它更为宽泛的隐喻意义。

所以，时间的尺度可以从根本上改变我们的人生观。年轻人没有看到身边世界有什么变化，老年人则能看到一切都发生了巨变并在持续改变。股票的每日走势看似混乱，专业人员却能从中解读出长期的趋势和走向。历史学家遵循着表面看上去就像是一团乱麻、暧昧不清的事件走向。法国历史学家布罗代尔提出"长时段发展"的概念，即距离更远才能目睹的重要变化。艺术史学家研究的是过去的风格，这样才能讲明什么事物是属于某种风格的，什么事物又是年代误植或假冒伪劣。英国历史学家汤因比研究的是千百年内整个文明的崛起和衰落。社会学家不能忽视人类社会和文化不可逆转的变化，这些变化并非纯粹随机的波动，而是源于某地并导向某处。生物学家不能忽视生物体的演化，地质学家的研究有明确的周期序列，而对宇宙学来说，整个宇宙都呈现为一个宏伟的事件，在这其中，不仅是星星和星系，就连物理定律本身也在发展演变。

除了时间触及不到的数学学科以外，当代科学的一切都在发生变动，这种变动如何向我们自我显现，主要取决于时间量度。从近距离来看，全然杂乱无章，就像分子的布朗运动，其中交替出现有意义的事件，它们会回归和重演，最后明晰地带来长期的、不可逆转的变化，把我们引向别处。事实上，并不仅仅是对宇宙学家来说如此，而是对我们所有人来说都是如此，而且这种变动正在不断加快。

思考题

- 解释一下计数与度量的区别。在数鸡蛋和量布料时我们分别使用什么计算单位？
- 是否可以说尺度只存在于旁观者的眼中？你有什么可证明和证伪的论据？
- 区分"客观"和"主观"的意义是什么？举例说明。
- 比例在社会中也起着重要作用，如生活、贫困、平等和正义的水平。
- "一切都是相对而言"，这样说有意义吗？如何及为何有意义？
- 我们为何如此喜欢小尺度的模型？其吸引力何在？
- 我们在思维过程中何时及为何会采用"扩大"或"缩小"的办法？

16

相似与模仿

画家在绘制画像时会力求"捕捉相似之处",所以画像有时也被称为"肖像画"。画家的目的是尽力画得像真人,而非创作使人混淆的仿制品。古董商销售粗木家具的赝品以愚弄客户,商家用廉价的仿制品来代替品牌商品,还有人则会造假钱——所有这些都只为一个目的,即制造表面一样但实则不同且更廉价的东西。不过,试着将人模仿到纸张或画布上则完全是异想天开:一方面,一张纸是平面的而一幅画通常则是黑白的;另一方面,每个人在不同时刻更是模样有别。摄影师很清楚这一点,所以他们在给人拍照时常会多照几次,希望其中一张拍得不错;或者是让人坐在凳子上,直到他们的头脑完全放空。在拍出来的护照照片中,人看上去显得很忧郁,或者往好里说顶多也就是显得有些狡猾。虽然我们很清楚这是无稽之谈,但却仍会不停地抗议说我们跟照片里的人"判若两人"。不过,优秀画家会让其对象忙于交谈,让他们聆听音乐或者是望向窗外,这样他就能逐渐捕捉到"相似"。

"相似"和"模仿"这两个术语的混淆可以归结于柏拉图,因为是他斥责那些试图模仿仿制品的画家并看不起那些人。他认为可见的东西本就只是对永恒模式和观念的效仿，所以艺术家是在进行二次复制。然而，正如我们所见，他的想法是错的。艺术家并不是伪造者，他们并不是在模仿，而是在创造相似性。他们不是去"复制"人像，描摹每根线条和纹路，而是去呈现人物的神态。优秀画家无须描摹太多细节就能做到这一点。某种程度上，后古典雕塑家或许应该受到柏拉图的指摘，因为古希腊晚期艺术主要就只是在模仿和追求完美的细节对应。柏拉图认为马的观念与这一观念所模仿的实体的马之间是何种关系，我们并不清楚。这里只提及一点，即与 likeness（相似）对应的古希腊词语是 *eidos*，它与 idea（观念）这个词关系密切。我发现，这两者都是从 *eidon* 这个词衍生而来。

现在我们可以换种思考方式。通常我们每天都会说无数次什么与什么相似。当有人抱怨工作中或学校里的套路时，我们会告诉对方自己也处于类似境地以安慰对方。相似是一个宽泛而重要的类别，没有它我们就无法思考或说话。这是两个及以上的想法、概念、现象、事物之间的相互关系，它们在某种程度上相似或相关，即某物像另一物。但这是怎么做到的呢？我们如何判断两个物体是否相似？在这方面科学的观点又是什么？

我们都学过数学里的相似三角形，但在这里该类比却并不顶用，因为相似三角形其实是一样的，只不过是扩大或缩小了它们的尺寸。这显然算不上真正的相似。与某物相似和与某物有部分相同之处是两个不同的概念。其他学科则视相似性为非科学术语，尽管也会用到这一概念。与人类最相似的灵长目动物被称为 anthropoids（类人猿），这个词源自古希腊语 *anthropo-eides*，意为"看起来像人类"。同样，在植物学中，同科植物都有"相似性"，如百合科、蔷薇科。经验丰富的植物学家即使首次看到特定的物种也能马上认出其所属的科、目。外行或孩子也能进行辨认，不同之处在于，植物的相似性可能会误导他们。许多采野蘑菇的人会误食死帽菇的白色变体而中毒，这种蘑菇看起来很像可食用菇，因为可食用菇也是白色且形状相似。更老练的采蘑菇者就不会犯这种错误，因为在其经验丰富的眼里这两类蘑菇并不那么相似：蘑菇帽的柔滑光泽和色调表明它是一种典型的伞形毒菌，而非可食用的草菇。没有经验的人可以寻求科学的帮助——若不确定发现的蘑菇是什么种类，可以找出一本可靠的蘑菇指南来对比特征。它有蘑菇圈吗？菌褶是什么颜色？有菌托吗？遇上更复杂的情况，还得考虑不太明显的属性，如大小、形状，并需在显微镜下审查孢子的颜色。如果你在穿过树林想为你的意大利肉汁烩饭收集蘑菇时要这么做，那你并不会走得太远。但若你想免于中毒，你就需要掌握经验（这些经验来自其他采蘑菇者和专家），或者手中拿好指南和放大镜。仍然活着的采蘑菇者可以说是还未犯过错。

与经验丰富的植物学家或鸟类学家在其各自领域的做法一样，采蘑菇者不会根据指南中列出的个体特征去辨别各种蘑菇，而是会凭借"相似性"去识别品种。许多采蘑菇高手或许都不了解什么是菌褶或气孔，但却很清楚同类菌（如蛤蟆菌、牛肝菌、草菇）的相似之处。其他领域的情况也是如此，优秀的音乐家听到部分音符就能判定这是亚纳切克还是莫扎特的曲子。他们即使从未听过该特定作品也能加以辨认，或者无论其表演方式是钢琴、合唱团还是弦乐四重奏乐团，或者无论其是否有变调或另一种节奏，等等。对于一块肉，屠夫只需看上一眼就知道它是牛肉、羊肉还是猪肉。他是如何辨认的？与采蘑菇者或植物学家不同，音乐家和屠夫手中并没有可以根据清晰可辨的特征来逐步验证相似性的手册，他们只能从经验中去学习。在拉丁语中，"智力"意味着辨别和区分的能力。

当你在检测智力时，你会看到一组看似无关的图片或者一连串符号，你要做的就是在其中找到"某物"，如某种规律、模式、相似之处，当然还得快速地找到。用排除法或反复试验的手法绝对无法做到。你只能仔细观察，找出相似之处。通过费力的大脑活动，尤其是通过参与各种各样的话题，可以培养这种能力。所以学外语者获得的不仅是与德国人或法国人进行交流的能力，还有比较的能力，因为我们的说话方式不同于他人。此外他/她还会获得区分并观察更深层次的关联和相似之处的能力。

打小我们就一直在学习辨认他人：家人，朋友，熟人，坏人。我们很少会犯错，如果真弄错了也会觉得不是自己的责任，因为必然有人与此人酷似！但是，欧洲人在看中国人或越南人的面孔时一开始会觉得都很相似，只有在了解过对方后才能将其与他人区分开来。动物也是如此——我看到一群对我来说都长得一样的绵羊，而牧羊人就能区分它们，或者至少也是认识那些倾向于走失、掉队、与别的绵羊打架的绵羊。新生宝宝从妇产科医院被带回家时，家里人都会聚在一起争论宝宝长得像谁，他们很难在这上面达成一致意见，因为每个人都会依据不同的标准来识别相似之处。

因而，相似性就是可以帮助我们辨别人与物的东西。相似不是相同。我们不会说自己认出了一张五英镑的钞票，除非有人在上面乱涂乱画过。但我们却可能会在二十年后认出一位身体发福、胡子拉碴、秃着脑袋的朋友。我们是怎么做到的？此时袖珍指南毫无用处，因为这个人已经不再具有原来的许多特征，但他仍然保留有"相似之处"，所以我们能立即识别出来。正如老仆人能认出二十年后回到家的奥德修斯，虽然他已变得衰老邋遢而且他心里并不想被人认出。当我们的朋友说了一句意外之话或者是做了一件意外之事时，我们常会说：

"我不认得你了"或"这不是你"。

　　许多人都嘲笑柏拉图提出的"观念",这多半是有理由的。但在总结了我们辨认人和事物的方式后,我们得到的却是一张事实上与"观念"极为相似的特征清单。也就是说,一眼就能辨认出来,依据是不会改变的东西,这种东西即使想摆脱也做不到,它们在某种程度上与人一体、独一无二。我们往往无法进行分析以分离出个体的特征。会不会这个常被奚落的"观念"真是我们辨认能力的基础,支配着我们组织感官和经验、区分及整理事物和事件的方式?会不会它就是我们所知晓和牢记、谈论和追忆的,只不过这并非我们事先就拥有且永恒存在的,而是每个人都要去重建的呢?也许柏拉图并不算太离谱,他错在把自主权和效能过分归功于观念,认为它们独立存在于"某处"并形成或创造了我们居住的世界。

　　但是,形象真是我们人类所独有的吗?就说蒲公英吧,它能长出多点或少点的叶子,在合适的时候开花,但却依然是蒲公英。当然,带有遗传密码的种子能够确保它长成蒲公英而不是山柳菊,但共同的遗传密码并不能支配一切;事实上,每株蒲公英都会各有不同,尽管它们都"知道"如何成为蒲公英,如何去应对逆境并实现形象、"观念"或"天性",无论我们是否去观察它们。仿佛它们本身就受到"蒲公英"这个观念的指引。若果真如此,我们也许就得深刻地反思许多概念。哲学和科学都力求获取知识,而了解我们如何区分事物显然也是其中的一部分。

　　相似性在人类的生活、宗教、文化和文明中一直起着重要作用。这也是为什么相似性常会被赋予其实际可能并不具有的属性。而整个魔法领域(即一种按照所愿来直接控制世界的技能)也正是基于相似性。你若想伤害某人,就可以制出类似真人的蜡像,然后用针去扎;

形似男性生殖器的根茎必能治愈阳痿；骑士的盾牌上画着狮子就会每战必胜。有时，这些行为是有益的——就像某些民族志学者坚称的，耕地原先是在模拟与地球性交，歪斜的犁是在模拟阴茎。对相似性的过度强调是原始民族和幼儿的典型特征，这把欧洲科学引向了另一个极端：忽视相似性、相像性、近似性，追求单纯的事实、精密的数字和准确的答案。这当然取得了震古烁今的成就，但幸运的是它并未完全摒弃"相似"这个概念。我们要去批判每日所见周围事物的相似性和相像性——要做的就是提出假设，开展实验，精确测量。若是没有相似点，也就不会有可批判的东西。科学家想要认识某物，首先得将它与其他东西区分开；医生想要治疗病人，首先得弄清病人的症结。医生下诊断的第一步就是去创立疾病的"形象"。如果会说古希腊语，他们就会称之为 eidos，即"观念"。

有些事情（通常都是一些至关重要的事情）直接去谈论可能不合时宜、怕有不测或无能为力。所以我们常会在寓言或比喻里去谈论以寻求庇护。极权体制的行为方式很难直接批判，所以我们可以针对每个特定的陈述或论点提出其对立面，最后形成颇有学识、错综复杂的分析，少数人一眼就能明了，极少数人则会觉得别有意味。奥威尔的《动物庄园》就对这一体制做了言简意赅的总结，使每个人在欣赏一个好故事的同时也能有深刻理解。当然，读者需要对这一主题有所了解或亲身经历。假定已有认知，你就会立刻明白，小猪拿破仑的形象隐喻的是哪位特定的独裁者，他在阁楼里饲养的狗就是秘密警察，最后被带到屠房的老马则是那些善良诚实之人，他们对意识形态信以为真。比喻往往要更为有效，因为它们更为直截了当，无须线索去明白什么代表什么。此时，与某种众所周知的东西的相似点可谓一目了然。当耶稣谈到浪子回头（《路加福音》15:11）或银锭（《路加福音》

19：11）时，每个人都明白耶稣的意思，更重要的是他们听到的是用其他方式很难表达的东西。比喻因其并非单纯展现孤立的"观念"，而是还会反映出真实的现实生活，从而也就更有说服力。

  人类的孩子和年幼的动物最早都是通过玩乐参与到世界中的。孩子们常爱玩角色扮演，玩过家家，假装是大人，学大人说话。我们通过模仿，可以说是在"母亲膝下"学到了绝大多数最重要的东西——我们看见别人在做什么并试图去模仿。孩子们非常善于区分，哪些是需要按大人的行为忠实模仿和严格执行的，哪些只是在依稀相似的基础上可以轻易替代的道具。鞋子可以是船或汽车，箱子可以是房子、床或任何所需品。所以孩子们往往更爱玩那些最常见的物体，而那些昂贵的精密玩具虽然可能是完美的微缩仿制品，但却更快就会让他们感到无聊，因为这不需要用到多少孩子们发觉相似性的能力。

  这类模仿的目的并不是为了欺骗他人，相反，它们是要教给我们某些东西，即与事物有关联，或暂时成为"什么事物"，这偶尔也会被称为古希腊语里的 *mimesis*。我们从童年开始就学会了记忆，或者是从不言自明的戏剧表演里去记忆。我们学会了写字、骑车、拉锯和弹钢琴。但最重要的是，通过模仿父母、朋友、老师的做法，我们也以同样的方式习得了人类行为。道德主义者有时极为担心如今的青年会完全失控，所以要求强制推行更优秀的道德行为规范。但事实上，这种事情既学不来，也无法描述或表达，它们只能被人模仿和复制。人类社会就是通过模仿和拟态建构而成。人可以回头去分析并描述那些"不成文的规则"，但我们这些构建规则的人却是从未听说过规则，而只是观察他人的行为并加以模仿。正如我们在没有规则的情况下完美地习得了"母语"，我们也用同样的方式学到了"母亲"或"父亲"的行为，然后便永远将其视为准则。

🌸 思考题 🌸

- 试着描述一下桌子、叉子、盘子和猫这四者各自的特征。它们有哪些方面与定义相近？又有哪些方面则与定义不同？
- 你能否分辨出雕像或画作只是纯粹的模仿还是艺术品？
- 相像和相似在语言中普遍都很重要，尤其是在诗歌语言中。如何能使隐喻不同凡响、富于想象、美丽动人？
- 某些生物体有时也会模仿他者：食蚜蝇像黄蜂，螳螂像枯枝，某种蘑菇则会散发出像腐肉的臭味。这是为什么？
- 为什么科学如此不待见相似性？为什么我们在生活中不能缺少相似性？

17

生　命

当我们谈论事物时，各种"事物/非事物"层出不穷。我们无法在手中握住烟雾、水汽和尘埃，因为它们没有明确的形状或功能，作为事物它们有许多不尽如人意之处。但对其他某些"事物"我们就不会用这个词去表达，因为我们知道它们（松树、蚂蚁、大象）的层次要高于事物，它们是有生命的，它们是活的。你可能会问了："活的"是什么意思呢？

生物学家会告诉你，"活的"主要特性包括：有新陈代谢，会对刺激做出反应，会死，有繁殖能力。这些特性一个比一个奇妙。新陈代谢能让生物体存活，即提供自由能并产生某种孤立区域，使热力学第二定律不起作用。无生命的东西总会或多或少变得破旧，与之不同，生物体则会不断生长。生物体会通过利用环境获取所需并抛弃所不需来生长。但没有一棵树会长到天际；生物体寿命有限——它们诞生，成长，衰老，最后死亡。不过在活着时，生物体则能照顾甚至"修复"自己，例如在伤口上留下疤痕。技师对这种本领只能嫉妒得眼红。科幻小说作家往往并非技师，所以他们会天真地想象无生命的机器人可以长生不老。但实际上，就算是最高级的机械装置，如卫星上的那种，也不能在无人维修的情况下持续存在十年以上。无人打理的房子，过不了几年就会变得破败不堪。

反观生物就不是这样。狗若受了伤，无须告知就会自舔伤口。车脏了只能洗，猫则会把自己舔干净。生物总是会自己照顾自己，当然还有它们的后代。对某些动物来说，这种照料还会延伸到自己身体以外的东西。蜗牛会将其外壳扛在脖子上并逐渐增大，以便在天气干燥、寒冷或遇到危险时能躲到里面。没有什么机制比得过这个微小无脑的软组织动物。蚁丘若是被暴风雨或淘气的孩子所毁坏，蚂蚁就会迅速倾巢而出，并会在几个小时内就将一切恢复如初。

这种体现对自身生命的关心的另一个方面则是反应性：动物会感到饥饿或痛苦，生物体能感知并适应环境。为了能够逃离危险，动物必须能够及时发现危险。为了能够获得食物，动物必须能够看见、嗅出或听到食物。生物体要由其环境来维持生命，所以不能与之完全分离，并且处于与之不断交换代谢和信息的状态。在一定范围内，生物体不仅会摄入食物，还会物色、收集和追捕食物。这正是不同生物体之间的显著区别：细菌任由环境摆布，植物能长高、在地面爬行或盘绕攀登支撑物，动物则能自由走动。能力的大小，特别是运动能力，与感知的需求密切相关——植物不需要视力，然而旋花植物或向日葵却是必定会将花朵转向太阳当下的位置。所以亚里士多德给所有生物都赋予灵魂，并区别出植物的"营养性"灵魂、动物的"感官性"灵魂，以及人类的"理性"灵魂。

科学坚持使用更加含蓄的语言，称其为"应激性"。这一术语可能适用于蠕虫，但却显然是低估了高等动物，事实上，脊椎动物和哺乳动物有更多不胜枚举的能力。它们不仅能够闻到、看到和听到，它们还必须把周围的环境塑造成一个它们可以在其中生活的世界。它们

小哲学：
如何思考普通的事物

对运动和时间要有概念，否则就会永远捕捉不到猎物。蜜蜂甚至能够传达牧场的方向和距离。候鸟可能是用星星来引导方向，这一能力简直超乎人类想象。这一切真的可以概括为单纯的"应激性"吗？

生物体的另一种能力更是让人叹而生畏，那就是繁殖力。你带了点泥土回家，这没什么大不了的，很快你就可以将其清理干净。但你若是偶然把生物带回家，如飞蛾、蟑螂、跳蚤，那你的家里就遭殃了。你没有办法"马上"就摆脱它们。有了一只，就会有十只、百只、千只、一大群。"跳蚤会在油脂和污垢中大肆繁殖"这种老观念可能站不住脚，但它却准确无误地表达了人类对活生物体毒性的体验，尤其是那些我们不太喜爱的生物体。我们在窗沿放上一株盛满沃土的盆栽。你只要连着给其浇上半个月水，瞧，细小的绿叶都探出了脑袋，但不要想太多，这并不是你种下的，而是杂草自生。它们来自哪里？休假归来，桌上有块被遗忘的面包，于你不在期间长满了毛毛的霉菌。无须进一步协助，含糖的溶液就会发酵，牛奶则会变酸，因为自然环境中充盈着酵母菌、霉菌、杂草、跳蚤，静待合适的机会去繁衍。想要制伏这些普遍存在的生命形式，创造无菌环境（就像医院中那样）极为困难且价格昂贵。

回到哲学上。繁衍后代是生物体解决生存或期限问题的巧妙方案。岩石经久不衰，但就算是最坚硬的岩石迟早也会有风化的那一天。个体的生物体只能存活较短时间：数日、数月，最多数年，但在此期间则会繁衍后代。它们是崭新的一代，数量也许上千。世代循环让物种、群落和后裔得以生存。在干旱期或寒冷期，有些个体会在某处裂缝中挣扎生存。一旦出现太阳或雨水，就能看到众多生物体。一个水坑在几个星期内就会充满生命体，但是一到炎热的夏天又会干涸——那里面的生命体都消失去了哪里？

动植物依赖周遭环境以维持生计，一旦遇到不利条件就会灭亡，但与此同时它们也会设法结籽、下蛋、分裂孢子——这些子嗣潜伏着等待有利时机的到来。植物的种子能在干燥条件下闲置多年，并会在播种下雨后开始生长。植物成熟并繁衍后代后就会枯萎然后死亡。可以说，生物体是在以类似中国式传话的方式传承着生命。但就算是最简单的细胞，其结构也是纷繁复杂，已经完善了数十亿年，从而可以快速可靠、毫厘不爽地传承其所有宝贵经验。为此，生物体拥有生命的配方，科学家称其为基因组。基因组其实是一串代码，它包括细胞会在几秒钟内传承到"子"细胞的四个"字母"序列和化学成分，所有生物都是如此。然后基因组就会按照与母体相同的配方开始构建相应的身体：若为原始生物，如细菌，新细胞就会构建细菌的身体；若为高等生物，构建的则是特定的细胞，即高等生物体内的基础材料：神经元、肌肉组织细胞、毛细胞。尽管这些细胞看上去彼此迥异，但实则它们共有相同的"家庭配方"，即基因组。

你可能又会问了：这与哲学有什么关系呢？我们在说话时总爱用"有"或"是"来描述事物，如某处"有"某物，但这似乎并没有什么意义。也许我们应该说"我家"（I home），而非"我在家"（I am home）；俄罗斯人就是这样去表述的。什么"是"怎样的，描述的是一个平淡无奇的日常事实，所以我们几乎不会去留意它们。然而，"是/有"和"生物"（这两个词在英文中写法相同，都是 being）则有天壤之别。桌子"是在"饭厅里，总在同一处，除非有人挪动它，或者是随着时间流逝在它上面留下了划痕和缺口，快要散架，最终我们将其扔掉，然后它也就不复存在。我们可以确信它"是在"我们所放的地方，它"是"原封不动的，好好看一眼就能了解它的一切。它无视周围，只会坚忍地承受溅出的咖啡或汤水。它就在那儿，就是如此。

生物体则"是"与此截然不同。首先,生物体从来都不会完全"在这里"。植物学家在描画某种植物时至少会画两幅图(但在现实生活中我们却不会同时看到这两者):一幅是开花的植物和成熟的果子,另一幅则是种子。昆虫的生命历程则要更为复杂:昆虫卵、幼虫、蛹、蝶,每个阶段的样貌都是大相径庭,但同样的白色却是一直保持不变,各个阶段承前启后、缺一不可。因为有起源、成长、衰老,所以生物体会有"个体历史",我们当下所见的只是其转瞬即逝的一段历程。你今日种下的一棵树,几年后就会面目大变,那时它已长大。还有一个关键所在:生物体是"因其本身而存在"的。生物体会喂养和保卫自己,自主寻找光亮、道路和猎物,并会繁殖后代,自我成长。生物体有它们自己的目标(尽管它们可能没有意识到并且很可能不会去思考这一点),它们会奋力前行,竭力去达成。

然而,生命还意味着另一件不可思议的事情:生物体会变化发展。细胞形态学和遗传学研究发现,所有生物体其实都是相互关联的且在最基本的层面上是相似的。所有的生命形式都由(相似的)细胞构成,而所有细胞都源自(相似的)化学物质,这些物质相当复杂。构成人体的细胞有 1014 个。一个细胞含有约一万种蛋白质,每种蛋白质都由按一定顺序排列的数百个氨基酸组成。然而,所有生物体都是由仅仅 20 种不同的氨基酸和所有现存蛋白质中微不足道的一部分(10～500)构成。这绝非巧合。这似乎表明所有生命都有相同的起点和根源,然后在自地球上开始有生命出现以来的 30 亿年间发展出不同的形式。这是如何发生的?

我们已经认识了生命的传承,即由遗传密码(即基因型)来确保"承袭"。丝毫不差的分子机制监管着基因的准确复制。但即使如此偶尔也会有所变化,产生错误。在如此复杂的系统下,错误往往意味着死亡。不过在极少数情况下，改变了代码的生物体也能存活下来，并且也许还能更好地生存和繁殖。目前生物学上认为这种变化是随机的——毕竟，除此之外还能如何理解？因为改变并不必要，而科学又不允许有第三种解释。但可以确定的是，随机突变只能很缓慢地导致进化且风险极大——一旦沿着死胡同向前迈进一步就会倒退百万步。这种变化能变得更好、更快，最重要的是能变得更安全吗？

答案是肯定的，但不能只有一个生物而是必须有两个。可以通过两个成熟生物的结合来创造新的生命形式。两种不同的（类似的）基因型杂交创造出的组合是两者的折中物。这样一来，一败涂地的风险就会大大降低，这也好比从两篇文章中摘取段落，得到的文本会比只是随机交换字母的结果更可能有意义得多。此外，每一代都可以尝试新的组合。这是有性繁殖背后的生物学意义——每个新个体都是由两个不同个体组合而来。

正如我们所见，繁殖不仅是生物体的功能之一，也是生物的存在和生物传承生命期限长短的基础。因此，所有生物都郑重其事并为此殚精竭虑。就连单细胞生物都有基因型并会经历复杂的细胞分裂，低等植物会产生数百万个孢子，高等植物则会开花结果。有性生殖为生物体的存在引进了新元素：想要存在并延续下去，需要两个个体。该怎么做呢？裸子植物和草类"听天由命"，即利用风——花粉借助风力传播，一百万粒中有一粒可能会落在对的地方，即同类植物的雌性生殖细胞中。为了保护这个珍贵的细胞，植物具备了胚珠、花柱、柱头，旨在捕获花粉并将其传送到子房与卵子结合。玉米芯里的每个卵细胞都有精心包装的"线路"。高等植物则有更巧妙的方案，那就是虫媒传粉。只要通过芳香和鲜艳的色彩来吸引昆虫并分泌花蜜，成功几乎就会得到保障——花粉会快速准确地到达目的地。

但是，繁殖并非以授粉结束。豆类植物和小麦会为种子提供营养物"初始包"（这跟鸟卵一样）。为了不被夺走，种子会被包在坚固的外壳里，就像坚果一样。成熟后的种子应被运送到合适的位置。有些植物选择了听天由命，它们会产生数千粒种子，让其落到地面。有些植物会留心让其后代都能"看看世界"，它们会给它们的种子带上"降落伞"，从荚果中弹射出去，就像含羞草或凤仙花那样，或者像牛蒡一样装上钩子，或者是依靠动物去传播。比如，用甜蜜鲜艳的浆果吸引鸟类，让它们将种子运送到其消化系统中。然后，鸟类会在远离植物母亲的地方"播种"与施肥。植物由此可以弥补自身无法移动的缺点，这在某种程度上也展示了无法移动会对它们造成多大的阻碍。但是，生命让生物都具有感知能力，而性需求则教会它们依赖他者。在生命领域，各种生物体相互联系、彼此依靠，在他者的牺牲或帮助下存活，无论他人这样做是出于自愿或是受到强制而为。生物体会形成群落，而我们人类也是地球上的生命这个巨大的神秘群落的一部分。

这种"存在"与卵石和铅笔刀的存在难道不是截然不同吗？它有具体目标并会与环境互动，传承生命，养育年轻人，有性关系，与其他生物同居。我们能够在世间的生物体中看到自己，它们就像镜子一般让我们对自己可以有更多的理解。大象、蚊子和蛤蟆菌确实与我们在家中厨房里认识的"事物"有不同意义。我们也许能给生物体加上动词"是/有"，就像谈及我们自己一样，但我们也应该意识到：对于桌上"有"一本昨晚放在那儿的书，生物体与这本书的"是/有"的意义却是全然不同。

17 生 命

🌸 思考题 🌸

- 试着用"是/有"举例，分别描述一个无生命的事物、一个生物体和一个人。
- 生物体能移动，这与感知有何联系？
- 不同生物体在照料后代这一层面与种子、卵子和幼崽的数量层面有何相互关系？
- 你会如何描述胎生脊椎动物和哺乳动物对后代的养育？
- 人的性别与动植物的性别有何不同？
- 什么是群落？这与人类社会有何关系？

18

大　自　然

我们小时候去往农村会惊讶地发现，这里与城市里的"家"是多么不同。这里是一片安详的绿地，既看不到人群或柏油路，也无须清洁工，天黑后也不开灯。不过"大自然"作为人类对立面的概念也许并非这样发展而来：一年四季身处其中的伐木工和海员就从不谈起它。古老的《吉尔伽美什史诗》首次描述了城市居民的体验，大自然是乌鲁克城外那片野蛮、美丽、危险之地。人在野外不能大声讲话并要始终对潜伏在四周的东西保持警惕。人类在大自然中不再悠然自得，我们越是依赖人类组织也就越是能够强烈地感受到这一点。

人类自从住进房子以来，或者至少是从定居到城镇这种人造环境以来，就觉察到与大自然的分离和疏远。大自然有可能会吸引我们，但我们却不在其中。总之，自从生活到基本上是人造的环境中，情况便是如此。就在距今并不是很久之前，人们仍是无法避免不接触"大自然"，直到20世纪才能通过电视屏幕去了解林地。大自然是古老的人类共生伙伴，人类与之相关联的方式有两种。浪漫主义者总是指望大自然能提供"家里"缺少的东西并欣赏它的美丽和力量，若非出于少量实际需求（如自来水、暖气、温暖的床），他们宁可住进大自然。

而在另一方面，实用主义者若非有所图则绝对不会去大自然冒险——大自然中的很多东西都是又好又实用且不用花钱。

对待科学也正好有这两种态度。实用主义可以用纯粹的物质、客观、公正来含糊地掩盖其本意，但却又因不断留意是否还有其他值得拥有之物而常会暴露。我们这个时代首次认为大自然是可以免费倾倒任何东西但也是很重要的地方，这将创造历史。而这也表明力量的天平在倒向另一边。从前大自然威风、神圣、令人叹绝，人类没有力量去抵抗。古希腊人区分出什么是"自然的"（即永恒不变的）和什么是人类设想并决定的。即使在现代早期，大自然也仍是无边无际、取之不尽。就在两百年前，干旱往往意味着饥荒，19世纪初的浪漫主义者首先建议我们应该设法节省资源和保护自然。约一百年前，科学家们担心一部分美丽的动物物种正在濒临灭绝，而现如今我们都知道该做什么和不该做什么，因为破旧的大自然处境糟糕①。但这也会牺牲我们某些舒适条件和物质享受，自然还有金钱，所以除了部分热心人士，我们并不太乐意着手去行动。我们只是双手交叉，祈祷大自然能有办法自我修复，尽管这种期望似乎是错误的——自从培根向大自然宣战之后，大自然的挫败是如此全面迅速，以至于到了将胜利者置于危在旦夕的地步。毕竟，虽然科技成就非凡，但我们都还在食用自然生长的东西，并要从储存了数百万年的资源中获得热量和能量。

依照大自然和地球的时间尺度，在这么短的时间内，这一切是如何发生的？随着人类在最后一个冰河期后逐渐立足，大自然就开始失去其部分神圣的力量。约三千年前，犹太圣经开始盛传，不久古希腊思想家就对其加以沿用——人类剥夺了大自然的神圣光环。自那以

---

① 人类体现了大自然独一无二的耐心。——克里斯蒂安·摩根施特恩（Christian Morgenstern）

后,大自然就成为一个对象,一个东西。在中世纪,"自然"意味着不必思考,它是常态和普遍的。文艺复兴时期的科学打破了人与地球是宇宙中心、一切都围绕我们转动的错误观念。这弥补了把地球像猎物和财产般交给人类去肆意掠夺所给其带来的损害。文艺复兴时期援引圣经中的话语,即造物主让人类治理[地球]。而这则隐瞒了一件事,那就是圣经中这句话后面不远处便提到,上帝把人放在伊甸园里去"修理看守[地球]"。培根和笛卡尔都忽略了一件事,即如果地球成为人类的财产,那将是集体财产——并会带来相应的后果。

现代哲学将人类与自然界相对立,认为自然界只不过是人类的延伸。而科学的目标就是要征服自然。我们在打仗时不会亲近对手而只会注意到关于他们的一个方面,即如何找出最佳策略制胜。然而,与此同时,其他学科已经快要完成对地球上一切事物的盘点(这从中世纪就开始了)。18世纪时,瑞典博物学家卡尔·林耐完成了盘点,发现大自然绝对不只是"延伸之物"或对手。于是,突然之间就出现了另一种更温和的学科,它不承诺征服世界,而是试图了解已经存在的事物(这样的事物有许多)。人们竭力对数量惊人的生物和非生物进行分类,结果便是发现了各种结构的相似性,这离"关联性"和"进化"概念只有一步之遥。这一想法反过来则与启蒙思想中的"进步"概念相符合,地质分层和化石的发现也印证了这一点,于是它也就在19世纪的自然主义者中广泛流传。

那时的科学远不如今天这般专业化,大体上它是一种总体思维和特殊的哲学,所以新想法很容易流传于各个学科之间。维柯、布丰、康德等思想家发挥着重要作用,歌德则是著名的自然主义者和进化论的支持者。最后则涌现出一种大胆越轨的观念,即认为人也是自然的一部分;除了这一点,达尔文还发表了一种自由的论断,即只有最完善的生命体才能存活（适者生存）。这是转折的开始，如今则达到了高潮。"大自然"的力量胜过了人类，我们看待自然的方式也发生了改变。毫无疑问，各个科学学科声誉的转变也与此有关——过去几十年来，生命科学和生物学已经取代了物理学来掌舵科学的发展。

目前对世界的看法也使生物和非生物的传统区别变得模糊不清。岩石、水晶同蜥蜴一样"自然"且几乎同样"有生命力"，并且可能还要比良种鸡（关在笼子里或工厂里饲养的鸡）更"有生命力"。但是，我们今天有时却很难将化学物质视为"自然"的一部分并把化学看作自然科学。我们的祖先会对此摇头不已表示难以置信。不过，我们似乎能够更加强烈地感受到"自然的"与"人造的"之间的不同，科技总是在努力掩饰人造物——塑料制品看起来像皮革，照相机的叠层箔看起来似木制，就连肉类和水果都经过了多道加工，以至于我们几乎无法称它们为"自然的"。简言之，真正自然的东西越少，我们就会越珍视它们。由普通的扎手云杉制成的家具比人造红木或橡木更贵，小巧干瘪的苹果价格最高，因为它们来自当地并且是自然生长出来的。准确地说，"自然的"外观使它们得到人们的认可。

这非常符合我们对"自然"的基本描述，即它是"外面的"世界而不是由人创造的，它不再是我们的家。只有超市货架上才会有璀璨夺目、味同嚼蜡的红苹果，乡下则会有黑刺里和山楂。自然与人造之间的界限在默默地发生偏移。与电子噪声相比，真乐器的罕见声音现在对我们来说似乎已经算是"自然"的了。建筑师会强调"自然"光，即"阳光"，而"人造光"这个词则日渐式微，因为这里的形容词"人造"是多余的。"人造"一词原本与艺术有关，但如今它却与艺术相去甚远，而是普遍表示物不一定美但却价廉的替代品。

商业和科技上也许仍会有对"延伸之物"的残酷剥削（我们都可

能参与其中），但却很少会有人对其产生认同并感到"正大光明"。大多数人心底都会感到羞愧，虽然羞愧感极少会直接表露出来，而且即使有表现往往也是疯狂而绝望的爆发，例如游行示威以抗议食用牛肉汉堡等。[①]但就算只是这样的行为也是一种标志。同时，越来越多的人都将自然视为不可替代的形状、样式、美的来源，而非"资源"的来源，它是新想法的灵感来源、数百万年"智慧"遗产的宝藏。此外，我们对待动物的全新态度，尽管显得怪异而可笑，但却更是意义深远。达尔文的门徒认为人类"只是"自然的一部分。如今我们已经难以揣测祖先为何会那么反感这一想法。相反，我们认为这是深化认识自然的一个好机会，我们不把自然看成异域，而是将它视为一个全局景象，人类也在其中。我们即使不生活在自然里也可以从内部去了解它，我们所依据的是人类经验，而这也是大自然的一部分。

人类破坏了大自然而且至今仍在这么做，对此的绝望感正在不断弥漫，特别是在发达国家。这显然比对纯消费主义的无动于衷要更加美好而有希望。但作为成年人，单有强烈的反感是不够的。我们都对当今的混乱负有责任，所以要寻求解决方案。让时光倒转过上田园般的"自然"生活，这是一种危险的幻想，因为恰恰是"更自然"的祖先们竭力使世界变成如今这种模样。所以机械地把人与自然、"自然"与"文化"都对立起来也是危险的。因为无论我们喜不喜欢，向前迈进的每条路线都将是在人类计划和引导下的"文明"路线。所以领路人是谁、他会带领我们走向何方才是关键所在。人类文明只能勒紧腰带，逐渐学会在制约下生活。我们得想出如何才能做到这一点，因为如今世上已无人知晓该怎么做。

---

① 人人都想回到大自然，但却没人愿意行动。——匿名涂鸦

思考题

- 你是否去过"尚未"被人类"破坏"的自然区?你会去哪里找这样一个地方?
- 农田是对大自然的破坏吗?公园呢?城市呢?花园郊区呢?为什么?
- 你认为当今文明的发展局限性在哪儿?为什么?
- 我们的文明对大自然的哪个方面破坏最大?请你思考一下生活中有哪些潜在的非必需品,可以如何去替代它们?
- 假设你是一位政治家,你会如何向选民解释制约的必要性而仍能说服他们投你的票?
- 作为哲学家,我们能做些什么来使这些政治家更轻松地解决这个问题?

～ 19 ～
必然性与偶然性

　　前面我们在提到可靠的知识时，曾将科学证据与侦探工作并列而论。这两者之间的联系是，它们都需要坚持某种主张，而且这种主张都需要得到那些不可辩驳、不论情愿与否都得接受的强力论据支撑。侦探和科学家不是在劝说，而是在强迫人们接受他们的主张。侦探这样做的理由不言而喻，因为他的目标就是要抓住罪犯，所以他就要破解对方的重重阻拦。可是，科学家为何也要这么做呢？

　　如果科学的目的只是为了解释原因、认识事物，以及将真理与表象和观点区分开，那就无须对其研究方法严加要求。亚里士多德对原因的解释就与此相契合：原因以某种方式"引起"或促进某事物且总是多种多样。他提出了四种原因。例如，建筑师"引起"房子的建造，以及制砖的砖工、对房子构造的设想、适合居住的个人需求。因此房子造得合情合理又称心如意，若我也要造房，这也给我提供了蓝图。但是，一旦现代科学参与到世界的建设中来，起作用的就会是截然不同的事物。技师计算桥梁的承重力并不是要去解释为何桥梁不会坍塌，而是要保证桥梁不会坍塌，他的任务是设计出可以且必须持续存在多年都不会倒塌的桥梁。因此，技师不仅要向他的朋友们证明桥梁的承重力以满足他们的好奇心，也必须证明这能抵抗万有引力和其他狡猾的对手。马克思曾说，迄今为止哲学家们只是在解释世界，而目前的任务则在于改变世界，这真是言简意赅。

所以现代科学并不欣赏亚里士多德的原因论，它需要的是别的东西：必然且尽量唯一的原因。每个学科都会时不时提到原因，就像我们在日常生活中那样。但只有找出必然原因的科学学科才能在建设现代世界和征服自然时起到作用。有此光辉业绩的学科于是也就始终急于保持自身的竞争力，它们对多种可能性等任何迹象都持怀疑态度。某些学科更是早已被排除在竞争之外，例如，历史学能发现什么是由必然原因决定的呢？某些学科则是通过应用统计学方法才发现了必然性。例如，行为主义心理学和定量社会学研究的问题完全是"不确定"的，但研究者却是成功地探寻出了统计的方法和问题，进而就可得出几乎可以确定的答案。也就是说，答案带有一定概率，然后就可确定无疑地去加以应用。例如，没人能算出何时将会诞生或死去一个人，但人口学家却能预测出十年或二十年后的人口，而且准确度还极高。从这门严肃的学科角度来看，世界上唯一的联系就是那些由必要原因决定的联系——或者什么原因也没有，即"偶然性"。

偶然性是科学中功成名就的极少数日常话语之一。在日常话语中，这代表我们没有事先规划或期望但却发生了的事情："这是一次偶然的会面。"仔细一想，这意味着两个方面：要么是没有原因，要么是不知道原因，但这两者之间确实有着天差地别。偶然性明显意味着是不知道缘由，这并不值得关注。但要想证明是没有缘由却是徒劳无益，因为我们总有可能忽略了什么。如果我想向你证明我真有一块钱，我只需找到存放它的地方就可以做到。但我若想向你证明我没有一块钱，那么对我们来说这将会是一项持续多日的耗神任务——而且对于是否真的找遍了所有地方也总是会存有疑问。

这种"偶然"究竟意味着什么样的不确定性在日常生活中并不重要,因为生活中的事情都会有些似是而非、模棱两可。此外,"偶然"也只不过是否定了意图或计划。对一位知名银行家的死,侦探若想调查可疑的周围情况,只会失败——他不会揭露出什么,因为这只是一个不幸的巧合。但是,排除了人为的意图也能让人得到解脱。如果你遇上一连串倒霉事:收到违章罚单后丢了钱包,回到家后又收到法院传票,那么这很容易让你疑神疑鬼:一定是有人想要害你。虽然看不到那些人(这使情况变得更糟),但他们必然是位高权重、颇有门路之人。如果你已经处于这种心态之下,那么发现这一切其实仅仅都是巧合,就会是一种让人欣慰的解脱。

人与人之间的矛盾冲突应该由公正无私的法官来解决。但有时也会无法做到这一点,因为所涉人员都会有所偏袒和某种利益关系。于是我们也就经常会让偶然性来饰演"公正"的法官,成为正义的替代品——毕竟,偶然性同法官一样盲目而不偏不倚。当人们无法达成一致意见,当投票没有得出明确的结果时,就会通过抽签来做决定。同样,在各种游戏中,如彩票和轮盘赌,人们从口袋里掏出小钱,希望获得大笔奖金,这些都是由偶然性来决定谁是赢家。但这时因为涉及重要的东西,所以必须保证这种偶然性是随机的。例如,不允许人们看到抽奖号码(从前是由盲人来抽签),并且需要有公证人在场,以象征国家监督着整个活动,表明结果确实是随机的。

统计方法既能实现偶然性几乎不可能做到的光辉业绩,也给偶然性赋予了新功能。市长若想知道选民对他的看法,可以直接去征询。但如果人数太多,就不可能一一询问。若碰到谁就问谁,得到的信息就会有失偏颇:如果去酒吧,那么遇到的大都是男性;如果在工作时间去街上，那么碰见的多半是游手好闲之人，等等。然而，倘若他遵循一定原则，选择真正随机的样本，那他得到的答案就会接近事实。经验表明，精心挑选后的数百个回答近似于一一询问所有人的结果。不过，这时选择的随机性是非常科学的，这也是进行这类调查的公司的商业机密。批量生产也是一样，比如批量生产的灯泡不用每个都测试，要测试的只是标记数字后正好对应于随机数表的那些。编制这样的随机数表非常困难，而且出于同样原因（根据定义，随机数字不遵循任何模式，数与数之间不能有联系），任何一个数字都必须是"意料之外"的，就像彩票中奖一样。

  说来矛盾，除了最能达到科学目标的必然原因之外，也可以合理采用全然随机的偶然性。为什么？因为偶然性是很"盲目"的，如果有什么事情完全是偶然发生的，那我们就可以肯定不存在其他隐藏的因果关系，因此我们就能相信事实就是这样。其他处于必然性和盲目的偶然性"之间"的表述都包含一个永不可预测的因素，我们人类称之为选择的自由（以某种方式做某事的可能性）。从外部看，结果也是随机的（即不可预见的），但其意义却是不同凡响。有了真正随机的结果，我们便能假设不会有因果关系的制约，所以分布也许就会颇为均匀——苍蝇随机落在某张纸上，苍蝇身体留下的痕迹几乎均匀地分布于整个页面。但是，自由的选择就几乎不会是随机的；这会受到标准或偏好的支配——不幸的是，没人能预知这些标准或偏好是怎样的。所以如果有块蜂蜜抹在湿纸上，肉眼看不到，苍蝇身体的痕迹就会形成可见的图像（它不再是均匀分布或随机的，而是格外分明的图像），让人疑惑不解。这是因为偶然性已被代表某种价值的东西（蜂蜜）给取代了，进而也就创造出了做出选择的机会。

  因此，价值的存在、根据价值做出选择的可能性，也就明显阻碍了任何有意义的行为预测。因为这既不像原因那样"必然",也并非完全"随机",而是意味着要考虑到"意识"这个因素,做出非随机、有意识的决定。如果认为决定是在数学意义上随机做出的,即"没有原因",这将是一个严重的错误。影响决定的有形形色色的联系、干扰和缘由,必须据此进行选择。企业投入巨资去进行市场调研和广告宣传,足以表明预测和影响这些选择有多难。在这种情况下想要做出严谨科学的预测是不可能的。

这充分解释了为什么致力于做出或多或少肯定预测进而控制现实的学科,不仅怀疑任何处于必然与偶然之间的事物,而且完全漠视这些事物。两者"之间"(从拟人观的角度来看我们可以称之为自由选择,这一选择受到偏好和价值的支配),就其本质而言在科学方法上是无法接受的,因为不论是因果关系原则,还是因果弱化的形式(即保证不存在原因的"偶然性")都不适用。这就是严谨精确的学科(硬科学)不能在其领域内允许它存在的真正原因。然而,明智的科学家都应清楚地认识到,这是一种方法上的简化,只要不把这视为整个现实,那它就是可靠的。在自由选择这个灰色地带还有许多恣意的黑暗势力,比如时尚、个人偏好、信仰。它们的影响力既强大又完全无法预料,所以掌权者也不待见它们,并会设法削减它们的势力——只不过这样做通常都不会太成功。不过,对我们来说这也是好事,因为我们是在自由选择中过着现实生活:购物,玩游戏,互相叫嚷,彼此相爱,养育后代。

🌿 思考题 🌿

- 必然性最古老的形式是相信命运。如今我们还能遇到这种情况吗？何时何处能遇到？
- 唯一的必然原因来源于现实中的什么概念？
- 不同学科如何看待"因果关系"这一观念？你学习的领域又是如何看待它的？
- 你会如何判断一个数列是否确实是随机数列？
- 在什么情况下我们会开始寻找所观察事物的起因？在什么情况下这么做又没有意义？
- 如果我们想彻底随机行事，应该怎么做？
- 群体行为（例如人们来往穿梭于市镇广场）可能看起来是随机的，但群体中的每个人都带有某种目的，所以他们其实并不是随机在行动，这是怎么回事？

20

技巧与技术

花样滑冰运动员突然飞离冰面，优雅地自我旋转三圈，再次自信地下落着地，向观众微笑，似乎这是世界上（也是冰上）最简单的事情，电视体育评论员对此赞不绝口："真有技巧！"技巧（古希腊语里叫 *techné*）就是习得的技能、做有用之事的能力，这种能力是大部分人都不具备的。这个词最早与工艺品有关，尽管古希腊人甚至认为雕塑家和画家也都是工匠，因为他们能够创造出实物。手艺或技巧的目的是制造或至少展示对人有用的或可用于谋生的东西；由于制造和展示时必须专心致志以完成最终的成果，所以也就没有太多余地去思考怎么做和为什么。基于这些原因，哲学家们倾向于蔑视技巧和技术，尽管有人指出真正的缘由是他们在这些特定领域缺乏天赋，其中例外者有苏格拉底，据说他是一位石匠，还有斯宾诺莎，他是一位磨镜片者。

当需要制造特别复杂的东西而学徒又不能简单地从师傅那里学到做法时，或者单凭一人无法完成时，技术便开始与手艺相分离。几十名能工巧匠参与建造了古代和中世纪的寺庙、教堂和桥梁，所以必须有人来监督他们的工作，这个人就是建筑师，或古希腊语里的 *architectón*，意思是首席木匠。他要准备好设计图，单有简单的"房屋设想"

是不够的。不过在当时画设计图也并非易事，因为那时并没有可用于绘画的图纸。古希腊建筑师是这样做的：首先为寺庙打好基墙，精确地进行测量，使其平坦而略凸起，看起来距离更长。接着用黏土颜料去粉刷或涂绘平坦的表面，然后绘制柱子、柱头、柱顶过梁的平面图，以供石匠使用。随后，建筑师就能采用许多巧妙的几何技巧。例如，古代寺庙的柱子略微呈凸面或桶状，相距 100 米。如何绘制这种柱子的平面图呢？小菜一碟——用水平 1∶1、垂直 1∶10 的比例尺来制图。采用这种方式，可以用根绳子轻松地绘制凸起部分的距离。在这方面，中世纪的建筑师做起来要更为轻松，因为他们有羊皮纸和普通纸张可用，给石匠的平面图则绘制在金属板上，但是他们需要交付更加复杂的样式，加之大教堂有肋拱和支柱，所以建造大教堂的技术层面也就更加盘根错节。

中世纪的建筑师，甚至是包括达·芬奇在内，都是艺术家、工匠和技师合而为一。技术是最先脱离艺术的。艺术重视人的创意，自文艺复兴时期起它还注重个性。而技术则是集体产业，它所关注的是针对多人合作的组织规划，其中每个人都只执行部分任务。人们从他人那里学习技术和手艺旨在创造有用之物，从而多少掩盖了一些工匠或技师的个人创意。我们都明白，这与自然世界相去甚远，所以外行不会有所觉察，只有特定领域的专家才能欣赏。毕竟，我们并不会请技师来决定水槽或开关的位置，而是会请他们在我们所要求的地方细致地进行安装，但我们确实需要依赖他们的细心，因为这时我们无法判断怎样做才比较"好"。所以我们也就离不开专家。

那些发明新技巧的独具匠心者，通常都不会被归入工艺和技术领域，我们会称他们为发明家、科学家和艺术家，尽管他们经常都只是一些业余爱好者。他们对技术发展有很大功劳，在某些领域，如制造钟表,绝大多数重大突破都是由他们实现的。艺术家的每个雕刻品都是崭新而有别的;与他们不同,工匠和技师则要反复交付相同的作品,这里强调的是可靠性和均衡性。对优秀的技师、工匠、手艺人而言,首要的是绝对不能搞砸任务或欺骗他人,因为通常他们所做的都是客户自己知之甚少的东西,所以要依靠他们来交付成品[①]。所以医生要宣读希波克拉底誓言,保证不会毒害病人或缩短他们的寿命。

  如今的时代为此带来了新的领域和新的问题。建造更大的船舶,开挖更深的矿井,修筑更复杂的堡垒、桥梁和水坝,都是有必要的。于是也就出现了错综复杂的机器,这些机器由科学家设计并由其他人来制造,制造者要有完成制作所需的技能,同时对其功能有清晰的了解。曾经有段时间,大规模生产的熟练工人紧缺,所以必须对生产进行组织安排,这使产品质量越来越依赖高级技工和技师,而不太依赖普通工人。工厂由此而被创建出来,劳动分工也进一步发展,纺织厂技术领班的职位也应运而生,在金属加工厂和其他地方情况也是如此。后来人们又发明了更为复杂精密的工具和机器。17世纪出现了第一批技校,首次致力于桥梁和堡垒的建设。然而,技术的迅速发展却是始于19世纪蒸汽机的发明和蒸汽动力工业的创立。在那之后,技术最终与手艺相分离,并开始与科学和经济学相融合。

  人类精神进步史就算提到技术也总是将其放在最后。究其因,主要是外行无从去评价和理解技术员的工作。有时,我们对技术成果感到大吃一惊,颂扬"技术的奇迹",但随着时间流逝,我们就会对这些成果习以为常。想要稍微了解一下现代世界的人都绕不开技术这个话

[①] "贪财的人会给自己赋予能力,这些能力可以伪装:他们称自己为'千里眼''智者''术士'。"——亚里士多德

题。哲学家若是毫不知情就去批判技术，这是不可原谅的。没人敢对艺术或科学采取这种态度。让我们用一个简单的例子来表明技术有何过人之处。曾经每个家庭都有缝纫机，或者我们一定都见过缝纫机。乍一看，这并没有什么特别的——直到要你自己造一台缝纫机。我们可以轻松地联想到众多用机器来实现的活动。然而，缝纫可能并不是其中之一。女裁缝在正确的位置用针给织物穿孔，从一只手传递给另一只手，感觉到线缝得正合适。这能够被机械化吗？机器也许具有优于手工的一些方面：工作得更加迅速、精确、可靠，力度也可以更大。但你却不可能指望它会有女裁缝那种对工作的"感觉"。作为人类的女裁缝通过双手传递针头是很容易的，这受到她的注意力和意图的引导，对她来说，要集中注意某个可见、可捡、可握的东西是很自然的，前提是该物伸手可及。而机器则什么也看不见，只能重复事先设置好的动作。机器是瞎的，所以即使在自动化程度最高的生产过程中，进料和取出成品的琐碎工作也还是要由人类来做。机器做不了这些，若真要做，也将会是复杂得令人难以置信。

　　由此你我就可以针对缝纫能否被机械化的问题给出否定的答案：怎么能做得到？在这里，成功的关键是一个极似柏拉图提到过的关于真理的原则——真实往往与表象南辕北辙。关于技术，这个原则告诉我们，机器可以做许多事情并且绝大多数时候都不免会以与人类截然不同的方式去做。铣床不是模仿锉刀的移动，洗衣机不是模仿洗衣女工的做法，汽车没有四条腿，飞机不会像鸟一样展翅而飞。某个特定活动的机械化需要有灵感，而不是基于我们人类的行为。创造出缝纫机的是两个关键想法，这体现出真正的天才——代替针头在织物上穿梭运动的是，每缝一针就把两根线订合，以及移动针眼到合适的位置。穿过织物后，线会收紧并产生一个环，绕线梭子用另一根线穿过

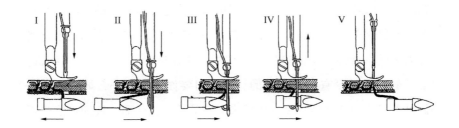

图 4 双线缝纫法中织机梭子的步骤

步骤 1：梭子快速撤回，针头刺穿织物，牵引的针杆下降，狗牙器降到针板下方；
步骤 2：梭子完成撤回运动，针头到达下死点，牵引的针杆已喂好面线，狗牙器淹没在针板下方，沿着轨道移动，直到再次浮现在上方；
步骤 3：梭子的尖头进入针头运动产生的环，完成打环，狗牙器完成针板下方的撤回运动；
步骤 4：梭子继续向前运动穿过面线绕成的环，针头这次与牵引的针杆一起降到下死点，狗牙器从针板下方露出来；
步骤 5：梭子穿过环并继续向其掉头点前进（梭子向前拉底线，并拧紧两条线），针从织物上伸出，牵引的针杆完成线迹，狗牙器向前推动织物。

这个环，留下线迹。你如果从未见过这个讨人喜欢的伎俩，那你应该去看看；老式的胜家缝纫机再合适不过，没有的话图解也行①。

所以，真正的技术同哲学、艺术和科学一样匠心独运、才智卓越并且能够陶冶性灵。只不过它们是运作于不同的环境并被不同的标准所支配。如果说哲学关切的是可以理解的事物，科学关心的是可以认识的事物，那么技术关注的就是可以做到的事物。宽泛而言，哲学系统地深化和完善了我们对世界的认识，科学扩展了有关世界的知识，而技术则创造和组织了这个世界，也就是我们现在生活着的人造世界。我们刚刚说过，"真正的"技术、科学和艺术都是匠心独运并能陶

---

① 维基百科和其他互联网资源中能找到相关的动画。

冶性灵的学科。但是，哲学、科学和艺术也可以只是谋生的手段。技术更是如此，并且由此造成的后果不堪设想。差劲的艺术家可能会让我们的审美品位变得低劣，差劲的哲学家可能会使我们思维混乱。但是，差劲的技师则是从未提出或证明过什么，他们倾向于去"应付"所有事情。

如前所述，当开始需要组织多人的工作，如建造大教堂、堡垒和桥梁时，技术便与手艺相分离。当今的大规模生产让人意识到熟练的技术人员犹如凤毛麟角，于是人们也就开始寻找无须熟练技工的快速可靠的生产方法。然后劳动者就被分成工厂工人和技师。工人不再是需要很多技能的人而只需执行他人的指示。这里的"他人"（工程师、技师）必须交付详细的工序，说明要做什么，拟出计划，描述计划，并一步步去实现。他不能单纯指望工人勤奋工作，而是必须引入有效的控制手段。这离亨利·福特或捷克制鞋商巴塔鞋业所引进的"合理化"生产只有一步之遥，即每位工人只需完成一些简单的操作。工作人员失去了对工作实际的自由和责任，但也得到了舒适、工资、假期这些补偿。由此世界开始两极分化：一方面是工作，或者说就业，这时没有空闲时间或自由，另一方面则是"空闲时间"，这时则不用干活。

与手艺这样分离之后，技术便投入科学的怀抱，当时科学正在努力征服"大自然"（即世界）并为此而寻找盟友。科学家构建的理论和在实验室里开展的实验，其实正在被技术所利用，而技术也为科学家提供了层出不穷的精密设备，但同时也越来越频繁地产生了需要解决的实际问题。技术不再只是对各种做事方法的探求，而也是对可能性的极限的追求。科学不再体现对世界运作方式的考察，而是变成问题解决者。然而，自19世纪以来这两者都受到经济情况的制约：经济裁定了我们能负担得起什么，应该花钱在什么方面，什么东西在多少数量下是有益的。不过，这已是另一章的内容了。

　　技术为我们提供了不用真正理解事物原理就可以使用的东西；原理往往太过复杂，而且我们也看不到机器的内部。有时，技术甚至会让我们感到害怕。除了那些可怕的杀人机器如导弹、炸弹和火箭，还有那些忠实地在家为我们服务的机器——如果有一天它们起义反抗我们怎么办？它们身手敏捷，体格健壮，精细复杂，不用依赖我们而工作。它们让人类的生活变得更加轻松，但也剥夺了人类的工作。而且在某些领域人类已经不是机器的对手。我们对下面这些情形已经习以为常：世界上最强壮的人也无法用赤手空拳挡住开动的机车，世界上跑得最快的人也追赶不上车速。但在棋界，机器却在象棋比赛上击败了人类——难道这还不够骇人听闻？其实，这差不多是一回事。象棋是一种特殊游戏，但其步法组合数量有限（尽管很多），机器可以丝毫不差地分析所有情况。与同时依赖着直觉的人类不一样，机器每走一步都能算出数百万种走法并从中选出最好的一种。所以，象棋的玩法对人类和机器来说也是不同的。机器能击败我们，并不是因为它更"聪明"（机器说不上"聪明"或"愚蠢"），而是因为它速度更快且精度更高。机器的所有"聪明"都是制造者计算好的，它们需要时不时地进行检查并且可能还要更换电池。机器永远不会奋起反抗人类，因为不存在对身份的认同。人因车祸而亡，受审的不会是车辆，而是司机或者是疏忽大意的车辆制造商。只有人与人之间才会有斗争和反抗，派遣喷气式飞机和坦克去攻击同胞的也是人类。当然，用于杀死他人的炸弹也可能会杀死制造者。炸弹自己对此并不会在乎，毕竟它只是一个机器。

　　我们已经说过，当需要把那些有着彼此不同且通常还是高度专业化技能的多人组织起来进行合作时，也就产生了技术。一般来说，没有人会清楚整个项目的所有细项。而这样一来也就会有危险,即没有人能够负起整个项目的责任——"我只是在照吩咐去做,其他的一概不关我事。"那是谁的责任呢?当下的人类扮演着两种截然不同的角色。一种角色专门去做他人所吩咐的事和能理解的事,但由于只是单纯去做事,所以不能对整体负责。在"空闲时候",另一种角色则会使用更多毫不理解的东西。对于这些东西可能给世界造成的后果,我们也不负责——冰箱里含有氟氯碳化合物,我的汽车向空中排放污染物,这都不关我的事。我并不理解这些事情,而只是在阅读说明书后进行了使用。这两种角色都不承担可能会造成的后果,正是当今世界上最广义的生态问题的根源。但我们也认识到,如果没有技术来分配和组织工作,我们也无法生存。我们如何才能在不丢弃技术的情况下健康生存呢?

思考题

- 试着描述一个技术天才的实例(如织针、冲水马桶、安全锁、铃铛)。
- 你认为技术与手艺之间、技术与科学之间的界限是什么?
- 为什么唯有进入现代社会后欧洲的技术才得到充分发展?
- 当我们说这只是个"技术问题"时,是什么意思?
- 为什么术业要有专攻?这会带来什么优势和危险?
- 专家和技术使用者应承担什么责任?这种责任可以强制承担吗?
- 试着思考一下修建奥斯威辛集中营里熔炉的专家有何责任。
- 组织和规划是技术的必要组成部分。这对我们平民生活中工作时的自由有何影响?对此有何解决办法?

21

社会、机构、国家

　　孩子们在出生后就会进入到一个家庭,但家庭还不能算是社会。父母必须照顾孩子,而孩子则根本无须做任何事情。在家庭内部,所有成员都彼此隶属(无论他们吵过多少次),而在家庭之外,每个家庭成员都有各自独立的角色并会充当彼此的担保人,如果孩子打破了什么,父母就得做出赔偿。与今天相比,家庭在19世纪末以前发挥着更重要的作用。那时的家庭也是一个经济单位,负责为家庭成员提供大部分生活必需品。我的曾祖母曾说过,家里只需要花钱买盐和交税。那时没有生计的人几乎无法成家,而没有家庭的人也就不得不依靠亲戚甚至陌生人过活,他们被称为"扯后腿的人"。只有在工业社会到来之后,这样的人才可以独立谋生。一开始只有男人可以独立谋生,但从20世纪初开始独立女性也可如此。现在人们常说家庭已经陷入了危机。事实上,既然家庭已经失去了这么多极其重要的功能,又怎么可能没有危机呢。确实有许多家庭解体了,但是,虽然没有什么措施强制人们这么去做,可是还有那么多家庭都在相互维系,这难道不是一个小小的奇迹吗?

　　随着孩子们的成长,他们会被赋予更多的责任(过去,孩子们也被要求下地帮着干活）。孩子们也开始脱离家庭，进入幼儿园和小学，与别人家的孩子一起玩耍——简言之，孩子们进入了社会。当人们非"天然地"彼此隶属时，才会产生社会。社会中的人们以非"天然"的纽带相维系，并且至少从某种意义上来说都是平等的。当人们不仅要服从他人的意志而且要遵守法律时，社会便由此产生。这也是为什么古希腊人会如此严格地区分私人领域和社会领域。在私人领域，人们工作以维持生计，而在社会领域，人们则会辩论公共事务、战争、和平和政治问题，但只有拥有财产的自由人才是社会人。在古希腊语中，*idios* 这个词的意思是"自己的"，只顾自己事情的人就被称为 *idiotes*。这个词经常被用来骂人（今天在英语中这个词的意思是"白痴"），这说明古希腊人是蔑视这类人的。顺便说一句，对亚里士多德来说，"自由"与"富裕"意思一样，依靠别人生活的人不可能是自由的。在美国，两百年前只有富有的人才有投票权。"妇女也是自由社会中的一员"这种观念，直到 20 世纪才在大多数社会中得到承认。

进入社会，孩子们身处陌生人群，需要学着去观察有着各种各样性格的人，学着去寻找可靠的朋友，学着去保护自己不会上当受骗。孩子们就是通过其他的人，以这种迂回的方式来学着认识自己，了解自己的各种可能。孩子们学着与他人一起生活并从中选择朋友。孩子们无法选择家庭，在家庭里，其周围通常都是与其相似的人。只有在学校，孩子们才会遇到有着各种性格、各种观点和各种背景的人。在学校里，孩子们要学习如何选择自己的朋友，如何与人相处。要实现这个目标，孩子们必须学会适应。孩子们会了解到，在自己的家庭中看起来再正常不过的那些事情，社会上却有很多人都觉得不能忍受，反之亦然。所以学校和更为广泛的社会常会相当残酷地强制人们采取某些行为，而这又是生活在这个社会上的先决条件。学校和整个社会其实就是不同背景、不同信仰、不同行为方式的人聚集在一起。所有这些人都要学会共同生活，学会解决矛盾，而不能危害社会和平。这个非常重要的过程被称为"社会化"。有些孩子在社会化方面会遇到很大困难，特别是当他们彼此之间背景差异较大（如属于少数族群）又彼此缺乏了解的时候。

　　社会要么是强制执行不可或缺的准则，要么就是尽可能地减少人际交往的阻碍，这样的社会在今天被认为是人类生活的必要条件。这其中有几个原因。首先，这些社会已被证明是非常可行的。这些社会里的人们不仅生活优裕，还会生产最多的精神产品。其次，人与人之间大量自由的交往利大于弊。人民为实用而有益的目的聚集在一起，显然要比黑社会的罪行有意义①。最后，我们很难想象出建立在任何其他原则上的社会。我们都认为，赋予有些人特权和优势是不能接受的，也是不公平的。不过，我们也不应该忽视下面这个事实，即构建这样一个"开放"型社会的目标，并不是为了那些只为自己而活的孤立的"主权"个体，而是为了那些来自各个阶层带着各种可能和目的的人们之间自由的关联。只有这样的社会才能被称为"公民社会"。

　　20世纪的悲惨经历以可怕的伤亡为代价向我们表明，社会不可以驱逐任何没有违背公共准则的人。这是一条难以遵守且令人不悦的原则，但当人们目睹了纳粹德国对犹太人的迫害和某些集团对所谓阶级敌人的镇压等悲剧发生之后，我们知道我们根本不能没有这样的原则。或者更准确地说，我们在任何情况下都不应放弃这一原则。有些法律会限制我们的自由，而每个限制自由的决定都必须是完全针对个人的，基于这个人做了什么或没做什么，以及这个人该对此承担何种

---

① 善比恶传播广。——托马斯·阿奎那

责任。这必须根据尽人皆知的法律来进行,决策过程也不能被多数人意见所左右。多数派绝对不能仅仅因为人数占多就获得权利去将他人逐出社会。想象如下这种情景,在超载的救生艇上人们投票来决定将谁扔进水中,道理就是如此。这个原则在当今社会占据主导地位,人们必须以虔诚之心去坚持这一原则。这就是为什么少数群体在当代关于社会的辩论中发挥着如此重要的作用,因为这是一个可靠的指标,表明该社会能够通过规则来限制自我,这些规则不仅适用于多数人,还平等地适用于其他所有人。

在家庭中,至少是从理论上来说,无须讨论谁应该服从谁的问题,谁更有权威都是提前设定好的。但在整个社会中却是常常会有冲突和争端发生,因而问题也就在于谁来解决它们。在双方都无法达成一致或说服对方的情况下,他们自然就可能诉诸武力。这对任何一个社会来说都是极其危险的,因为它将开创先例,让他人也跟着诉诸暴力,致使暴力升级而无法停止。被谋杀者的亲人会寻求报复,由此杀人事件就会升级为连锁反应。正是因为家族仇恨,某些无法解决这种问题的部落濒临灭绝。只有确立了人不能自己去伸张正义,正义必须由第三方即法官来判定这一原则,这一问题才得以解决。因此,社会需要法律和公正的法官,这是社会的基本特征,正如古罗马律师所说:"有社会的地方就有法律。"

当然,要使法律奏效,要使法官发挥作用,每个人都要受其管治。这样做有利于整个社会,从而也可惠及每位社会成员。然而,这种说法对于愤怒的反对者来说却是软弱无力的。因此,法律和法官也必须诉诸某种权威和合法性,而且由于他们的工作就是遏制使用武力,所以这种权威和合法性不能是纯粹的武力威胁。由于这一原因,社会权威一开始是源于宗教的,法律和法官由一个神(或多个神)所创建，因此我们必须服从他们。随着时间推移，我们还发现了其他的合法性来源。我们依据这些合法性而去服从法律和法官，因为他们是我们自己选择的。我们称这种社会为"自治"社会。有趣的是，这种过渡到"自治"社会的源头在圣经中就曾提到。法律和司法机关的另一个必要支柱就是它是正义的，也就是说，与人类对事物应该是什么样子的某种观念相吻合。这正是西方电影中正义复仇者们的合法性来源，但我们对此还需谨慎。因为这种认为人人都了解正义的天真观念也导致对以某种方式冒犯了他人的人处以私刑这一现象，而在这其中有些冒犯也许只是因为这个人与他人不同。正义的最简单模式是平等——平等对待每个人，以眼还眼，以牙还牙，但这绝对不是平等唯一的模式。大多数社会都认可各种例外或特权，即给予富人和强者（更具社会价值的人）更多好处，或者相反，尽力去弥补有先天缺陷的人，比如圣经中就有保证寡妇、孤儿和外国人受特殊保护的法律[①]。

因此，（几乎）每个人都公开认可的法律是所有社会最根本的、最不可或缺的条件。争议由第三方解决，第三方不会偏袒任何一方。然而法官并没有属于自己的真正权力，并且他只有在纠纷中的至少一方提出要求的情况下才可进行干预。在人口密度较大的地区，以及较富裕的社会里，还存在共同防御外部敌人和强盗等问题。这就有必要迅速、果断、有效地采取行动，仅仅是个案协议是不够的。同样是圣经中（《士师记》）详细说明了为什么安稳的社会都希望有一个稳定的统治者且该统治者拥有自己的权力和军队。其作者本人完全不赞成这种说法，而也正因如此才使其论述从整体上来说更有信服力。现代的观念是，政府是由最富有的人创造的，为的是征服他人，这种观念从

---

① 总是弱者寻求法律和平等，强者并不需要。——亚里士多德

历史角度来看并不准确。虽说除了通过自己的行动之外几乎没有人成为过统治者，而且这种行动也很少是温和的，但这是另一回事。

对社会的最大威胁是暴力。但理所当然的是，所有权力的实现都必须用到某些强制手段，包括武力。权力与武力之间有何区别？这个问题并不容易回答，并且由于某些党派的肆意歪曲而变得更难回答，那些人声称权力之不同于暴力就在于权力是有组织的，是阶级驱动的。如果真如他们所说，那这就不是权力而是暴力。乍一看，这两者之间的区别似乎微不足道，但实际上这一差别却很重要。权力与暴力不同，主要是因为权力会以各种方式受到限制。这里的重点并不在于实施权力的可能手段会受到限制，而在于何时使用这些权力手段会受到限制。所以权力并不依赖于武力，而是依赖于一定的合法性，而合法性则是不能由暴力强制赋予的。所以只有穷尽所有和平措施之后，权力才能使用武力的强制手段，而且对武力的使用也是有明确规定的。警察逮捕了一个人之后，就会提醒被捕的人他所拥有的权利，这看起来就像一个荒唐的手续。但实际上，警察这样做就证明了自己是权力的代理人，而不是暴力的行使者，黑社会老大才不会浪费时间去做这样的事情呢。

法官和统治者的地位可能是从个人委托开始的，这就是特定人员拥有的权力。这自然与该人的能力和天赋有关。一位精明能干、精力充沛的统治者可以给其社会带来巨大利益，但也会使得在他死后出现的问题更难解决。接下来一个伟大的社会进步是，这些职能由按照一定规则选出的稳定的机构和官员来履行。机构中的某一个人（而不是另外的人）拥有某种权威，但这并不是因为其独特才能和优势，而是因为此人是被合法地任命到该位置上并得到了授权。有句颇具讽刺意味的捷克谚语清楚地表达了这一点：上帝赐予了某人官职，也会赐予该人智慧。即使上帝不赐予这个人智慧，担任职务的此人也是在合法做事。而且奇怪的是，几个世纪的经验都告诉我们，有时智慧最终确实也会产生。法官或统治者的职权后来要交给最大的儿子，或者是需要抽签，最后就产生了投票。如果了解到古代社会有多么频繁地进行抽签，这或许会让人感到惊奇。然而，在这些社会中，人们并不认为抽签全凭运气，而是认为抽签结果是人类之上天意的表达，这一做法是最可靠的。可以肯定的是，确立制度化（即非人情化）的司法和政府权力本身就是极为根本和不可或缺的，而选拔官员担任某一职位的手段反倒可能千差万别。

　　如今看来，只有我们的政府是民选而来，它才是公正的。但若我们想从哲学视角去思考这一问题，我们就必须追问这是为什么。除了"一切权力来自人民""人人生而自由"这些诗意的表达之外，还有两个方面的原因。这要么是基于对人类能力的信任，即大多数人都有分辨和选择最佳人选的能力，要么就是基于怀疑论者的主张，即不论多数人投票选了谁，最后的结果都是他们应得的，所以也就没有什么好抱怨的。这两种情况产生的实际结果基本相同，只不过只有第一种观点成为支持民主选举的论据。另一种常可听闻的说法则是，选举使任何人都能上台。然而，如果不偏不倚地去看待现实，我们就会得出一个不同的答案。这种说法可能适用于小型且和谐的社会，但在大众社会，成功当选的道路很复杂，需要投入大量资金，所以只有那些对此极为重视且愿奉献自身精力（包括钱财）的人，才有获得权力的实际机会。因此，选举仍然是自由的，但是选择范围却十分有限。

　　在大众社会中，由于人们彼此并不熟悉，所以对选举结果起到决定性作用的便是广告宣传和竞选活动，候选人通过这些举措来试图说服选民他们才是最佳人选。这就给了雄辩、机敏、富有的人很大优势,同时也会造成严重的政治煽动问题。这一现实使得直接民主制度实际上根本无法实现(该制度下的所有决策都由公民决定)。除了会影响到所有人或每个人都有些想法的问题外,对煽动者来说还有许多道路可供开辟。在直接决策和秘密决策中,没人会去担当责任;如果全民公投的结果有问题,那又能怪谁呢?民主制的反对者有时会使用这样一种看似矛盾的说法,即世袭继承或抽签表决能让普通人上台执政,而不只是那些迫切想要从政的人才会上台执政。

另一个更为严重的问题则与选举周期有关。从我们个人生活的角度来看,四年可能是相当长的一段时间,但从世界和社会问题的角度来说,四年又太短了。四年时间不足以进行任何影响深远的变更或改革。那些想要当选者必须顾及人民的愿望,而愿望通常都是自私的;所以即使最好的政府,也只有不到两年时间来进行至关重要却又不得人心的社会变革。因而,虽然毫无疑问民主的特征就是极其稳定,但这却往往导致政府只有短期目标,而长期需求则被束之高阁。这就是为什么长期需求不会托付给民选政府而是会托付给独立机构,如中央银行、宪法法院、非政府组织、半官方机构。

在契约社会里人们相互认识,所以行使社会权力和选举执行权力的人也都相对较为简单。每个人都时时刻刻生活在这些邻居的控制之下。这就是为什么古典作家会相信自由社会只可能是小型社会,而且在整个人类历史上也一直都是这样。只有在现今(通过大量脑力劳动)我们才可以建立原则,使自由社会或多或少能存在于大型社会中——大至有着数千万或数亿人的社会,当代政治经济条件使得这样的规模成为必要。这些新原则中最有效的一个便是联邦制和地方分权制理念。这一理念来自我们发现不同规模的社会应有不同类型的决策。村里可以决定如何对狗征税,区里和市区里可以决策修建哪些道路、建造哪些学校,而河流污染问题则是全国性的,它甚至都不只是一个国家的问题。因此,组织有序的社会不应该试图对一切做出统一的决策,也不应该坚持"一刀切"方针,相反,它应该允许甚至鼓励在不同层面采取不同决策。事实上,欧盟就确立了辅助原则——这个原则意味着所有决策都应由尽可能小的社会单位来承担,而出于实际考虑这个单位完全有能力做好自己的工作。

当今社会的运作更为复杂,而我们也更要继续依靠彼此。很久以前村庄可能是自给自足的,而今天甚至国家都不再是自给自足的。国界的意义越来越弱(至少在和平时期是如此),跨越国界的相互影响和相互依赖不断增加。经济、金融、科技正在急剧地全球化,而恐怖主义、犯罪、毒品、污染也在全球化。因此,我们无法再支持国家拥有绝对主权。某国的坏政府或独裁者会威胁到其所有周边国家,例如,危险运行的发电厂就是对邻国的直接威胁——特别是当工厂靠近边境时(实际上它们的选址也常常如此)。所以在某些严重的事情上某国去关心邻国发生的事情是合理的,而不能随意说成是"干涉别国内政",毕竟今天还有什么能算得上是纯粹的内政呢?

不论全体公民的民主意愿如何组织有序,仍会有一个重大问题,即这些公民究竟是些什么人?古代的理想公民是更好的、更负责任的人,而这现在则没法判断,因为没有人能确定这些人是谁。那么是不是就是住在某一领土内的所有人呢?也很难这么说。公民当然只能是那些我们期望会有主观意见的人,所以小孩或有精神疾患的人就被排除在外。正如我们所看到的,只有以理性和责任为导向并且能够承担后果的人,才可以自由地进行决策。这在政治决策方面尤为重要,因为政治决策要处理的不是能够安全预测、科学决策的问题。我们不会把如何造桥的决定看成政治决策。只有在哪里建造、也许还有任命谁去建造这类问题才可被称为政治决策。若占多数者选举出了坏政府，那么人人都得受苦。在过去的某个时候，村庄里的人们无法确定在战争或其他灾难之后是否能够抢救其财产，因而自由公民的评判方法（这是相当有道理的）就是，那些财产最多的人风险最大，所以应该最有发言权。这一假设如今已不再有效，所以投票权也不再像一百年前那样需要以具备一定财产或交税多少为条件。

只有当所有公民的投票都同等重要时，这样的投票才是自由的投票。如果一个富人可以带领一百个下属到投票站，强迫他们全部投同样的票，或者灌醉其对手将后者锁在煤棚里，就像狄更斯在《匹克威克外传》里描写的那样，那当然不会是自由而公正的选举。基于这个原因，穷人和妇女传统上都被禁止投票；而出于同样原因，我们现在则必须坚信他们的人权应该得到尊重。只有所有公民都是自由的，能够自由地表达自己的意见，自由地集会，他们的选票才会有决定性意义。民主选举理论假设人们会记得获胜一方在之前的选举中所承诺之事并会将其与现实情况进行比较，进而决定是延续该党派的任期还是将其赶下台。如果该假设无效，如果选举是由"竞选活动"（即广告）决定的，这就不再是民主选举。因此大众传媒最重要的任务之一就是提醒我们发生了什么事、没有发生什么事，这样我们就可以根据现实而不是那些欺骗性的宣传口号去决定投谁的票。所以，新闻自由也是民主的必要条件，根据赫拉克利特的说法，我们应该像保卫城墙一样去捍卫新闻自由。

小哲学:
如何思考普通的事物

🌿 思考题 🌿

- 思考一下人们在家里和公共场所的行为有何差异,这些差异有其合理原因吗?
- 描述一下人类社会通过哪些方式逐渐变得更加组织有序。
- 解释一下权力与暴力之间的区别。
- 举例说明所有社会中都相同的公共规则和法律,以及不同社会中不同的公共规则和法律。
- 法律与正义有何联系?它们可以独立于彼此而存在吗?它们可以相互融合吗?
- 社会制约(规则、法律、道德)与自由有何联系?
- 为什么我们需要稳定的机构?举例说明。我们以什么方式被机构所限制?
- 我们如何防止权力被滥用?为了防止权力被滥用,我们最需要的是什么?

22

价值与金钱

我们已经知道，人类的行动既不一定像台球桌上台球的运动那样有必然原因，也不像分子的布朗运动那般是完全随机的。行动总是会受到既定条件的限制，在其制约下由相互冲突的力量来支配，使人排斥某物而被另一物所吸引。人们对于讨厌和害怕的东西，如饥饿、危险和不确定性，都会尽力避而远之。但也有一些东西则会吸引人们越过重重阻碍甚至不惜牺牲生命去达到目的。这些吸引人的东西包括财产、权力、名望、荣誉、美丽、纯洁等。它们本身并不是什么有形的东西，但却呈现出那些有形的东西所没有的迷人魅力。最后，还有纯粹的人性价值，如诚实与爱。人类观察积极和消极的价值，从中加以选择和融合，这便是人类自由的具体形式。所以只有当人是自由的时候，价值的影响才会显现出来。

石头只会落到它该掉落的地方。动物要么会跑到该去的地方，即围栏之内，要么就是会跑到想去的地方，以寻找更好的食物、水源或配偶。牧羊人或驯兽师对付每个个体可以选用"胡萝卜"（软手段）去诱惑或者是用"大棒"（硬手段，如用鞭子、棍棒或电击）去强迫动物，以强行满足他的需求。软硬手段都能奏效，只是方式不同。你可

小哲学：
如何思考普通的事物

以用鞭子让马跑起来，但要让它跑到某个具体的地方，如围场之内，则是困难重重，单靠一位牧场主是做不到的。栅栏和围场都能奏效，但却不能有孔隙。乍看起来，诱惑和吸引物并不太可靠。苜蓿对喂饱的动物毫不起作用。而一旦起作用，它就会去任何你想让它去的地方。人也可以被群集在围场里；他们可以像台球桌上的台球一样被推动，持杆人则是哲学家所谓的"背后的力量"。但具有嘲讽意味的是，这并未有效地发挥人的潜能。人在追求自我时才会做得更好。所以只要向人展示他们会喜欢的东西就足矣，他们自会愉快地去追求它；毕竟人是自由的。

人们甘心乐意去追求的，使事物（甚至是人）变得称心如意、令人神往、弥足珍贵的，就是所谓的价值。柏拉图可能会说，价值就是事物与善相一致的方面。由此看来，价值似乎总是个人的而很少是人类全体的。所以大人持有知名公司的股票，老人拥有摩托车全盔，都不太可能会欢呼雀跃。但若某种价值对某人能起到作用，那它就会成为一种几乎无法抵制的强力。这个人只要领悟到了这种价值就会去遵循它。不过，他首先得知道如何去实现该价值：要做什么，要从哪里开始，才能实现它或者至少也是能接近它。这就是为什么人们通常并不会去谈论和思考价值本身。他们总是把价值看作与某物或某人相联系。而这样一来他们也就很容易被人操纵和利用。

年轻人在家中和在学校里经常会感到疲倦，经常会被迫排队等候，就像罐头般的电车里的沙丁鱼一样喘不过气来，他自然会渴望自由；他只是不知道如何去实现自由而已。直到有一天，他看到一张海报，上面有一位晒黑的牛仔带着套索，在一块巨石上放松自我，平静地望向远方。他既不急于赶路，也不需要去往某地；他是自己的主人。这正是自由的本质。与此同时，海报上的那个牛仔正在吸烟。你猜到这是什么广告了吗？广告牌上的文字帮助我们解读了该如何做才能与亚利桑那州的牧场主一样心满意足。上面写着"万宝路"。或者我们也可以再举一个例子。投资基金是一种很无趣的事情，没人会去关注它。但你在海报上看到了你喜欢的演员。他把自己的面容、微笑，还有他代表的价值，都添附给了它。那么，突然间，它就不再只是无聊的投资基金——你会开始对它感兴趣。

价值与广告之间的联系并非偶然。没有人能比广告公司更清楚价值会如何真正影响我们。当然，它们绝对不会向我们透露这一点，因为这是商业机密；但是它们表现得非常出色。想要了解人类价值的人应该研究一下广告的运作。广告公司首先知道，价值只需看上一眼就会产生影响，它无须有意识的思考，而是可以通过物或人（通过面孔）来起到作用。价值以这种方式吸引我们，故能与任何东西相联系，如香烟。这种联系无须合理的依据，因为它们在我们的脑海中运作时也不受理性批判的影响。被广告欺骗的人从不会去思考这种联系在哪儿。他就是知道有联系，而这也正是他想要的。所以聪明的广告商可以随意选择任何价值。他们选择某种价值，不是因为它与广告产品有某种关联，而是基于这是否能吸引目标客户。广告可以将价值投射到产品上，在那之前产品并不具备那些价值。例如，巧克力棒主要面向喜欢甜食的儿童和年长的女性，而这些人当然不会有男性气概。所以才要在海报上展示肌肉发达的运动员，无论这与巧克力棒多么风马牛不相及。巧克力棒本身没有任何改变，但喜欢甜食的成年男性却是不再羞于购买。至于啤酒——众所周知，啤酒会让人腰围变粗，也绝不是壮阳药。因此，通过将啤酒与色情图像相联系以缓解饮酒者的焦虑是合适的。虽然这样做会激怒那些思想解放的女性，但却没有关系，因为她们并不是酿酒商的目标客户。

小哲学：
如何思考普通的事物

　　怀疑派哲学家经常质疑"价值"是否确实存在。行为主义者则试图证明人类是依据条件反射来采取行动。行为主义者认为人所追求的是所需之物而非"价值"。广告商对此感到窃喜，因为他们知道事情的真相。如果人只是追求确实所需的，那就不需要也不会存在广告。事实上，真正所需之物几乎从来都不会出现在广告中。例如，面包是人们所需的，不能由其他东西替代，但它却并不足以吸引饱汉。只有吃饱睡足不挨冻的人才会在周围寻找其他东西，他们试图寻觅缺乏的东西。他们在寻找着"价值"。

　　逛了一家又一家商店的年轻女子，看着橱窗里的漂亮衣服，也许会感到自己发现了"价值"。寻找的时间越长，这对她来说就越有价值，直到最后一狠心将其买下来。然后她把它带回家，穿上它，在一段时间内她会很幸福，因为她找到了自己一直在寻找的东西。但时间久了，她就会习以为常，这件衣服对她来说似乎变得普通了，她就会又去寻找新品。她仍未找到"价值"。要么她觉得这件衣服不合适并开始寻找更好的，要么她也许会得出结论，她真正在寻找的是别的东西（柏拉图会说她在寻找"美丽"，这件衣服有"美丽"的方面），是仅仅穿上衣服或戴上首饰时所无法获得的东西。但是，花时间追求美的人则会逐渐理解什么是美并会在某一天意识到应该在自己身上做点什么。他们会明白，自己是在寻求价值本身，而非价值的实体。而这可能也就是问题的症结所在。

　　现今时代，人们一直在对价值深思熟虑，但多半都是将其设想成像刚刚提到的衣服；设想成有处可寻的美好东西，静候我们去发现。然而，事情往往是，当人们终于到达该地，尽管也许确实有东西，就像那件衣服，但却不是价值。显然，价值在"别处"，在千里迢迢的远方。把价值看作有处可寻、完整无缺、只待你我的东西，这种想法会引发更严重的后果。我们讨论过顺从，这当然是一种可贵的品质，但这也取决于在何时何地出于何种原因顺从于何人。顺从是一种价值，前提是顺从者会付出代价。若人人都唯命是从，那么也许不顺从就是一种价值。所以尼采才会说我们应该"树立"自己的价值观。这是否意味着我可以从任何旧事物中提炼出价值呢？当然不是。但我确实得去物色和追求并坚持探索。而且我还要独立自主地去做这一切。为了真理而自焚的人并不能通过这样做来证明什么是真、什么不是真，但他却证明了真理是他的价值。真正值得我们尊重的就是这类价值，而不是那些无须出力的价值。

人若是自由的（即不是处于不停被追赶、被要求做某事的状态），就会更重视价值。然而，价值数不胜数，千姿百态，既有虚无缥缈、昙花一现的，亦有千真万确的，人必须从中进行选择。价值依附在实体上并通过实体显现出来。每位富有创意的人（艺术家、科学家、运动员、作家、政治家和教师）都是带着价值观在工作，并以自己的方式把它们带进世界，以帮助他人看得更清楚。每位进行创作的技工和手艺人，都会努力确保创造的东西能够尽可能地触动每个人。真正的社会财富就是由此而来。不是每个人都能制造出带有价值的东西，即使是能做到的人，多半也不只是为了自己去创作。人们应该尽可能多地交换物品，一个秩序良好的社会是一个人人都能做自己最擅长的事情的社会。但是，我们如何决定用什么来交换什么呢？如何分辨谁欺骗了谁、谁的劳动成果遭到了压榨呢？这个自古以来在人类社会中就存在的问题，如今已被两个巧妙的自由制度所解决，那就是市场和金钱。

每当要以一物换取另一物时，就要审视对立的两者：一是制造者或销售者，二是需求者。谁来解决这个问题？一双鞋等价于一颗鸡蛋还是整只母鸡？一次关于古埃及的讲课等价于一公斤肉吗？镇上的一

小哲学：
如何思考普通的事物

栋房子等价于一头、两头还是十头母牛？谁能回答这些问题，尤其是我们知道，对同一事物，任意两个人都会有不同的价值标准。饿汉偏好面包，饱汉则更喜欢音乐会的门票。两人交换东西时，知识渊博、经验丰富、自信满满的人拥有强大的优势。他会夸赞自己的货品，告诉对方他过去以什么价格卖给过什么人，最后则会微笑着说："我给你个特殊价。"如果他确实精于吹捧，你就会觉得他是这个世界上最善良的灵魂、最伟大的慈善家——其实他可能已经狠狠地讹诈了你。他之所以能做到这一点，是因为他只和你这个菜鸟在一起。想要防范这种不诚实的行为很容易。只需要让所有想要出售东西的人并列排成一行展示他们的货物并清楚地说明售价多少。只要保证产品安全、对公众开放、公平竞争，那么这就是自由的最佳实例：市场。

尽管在某些人看来市场的特质则是残酷无情，物质至上，凶残野蛮，但就像我们已经看到的，市场建立在一系列公民美德之上，它是一种保护弱者和菜鸟免受欺骗的强效手段。这种防范手段如此完善，以至于众多大小骗术都无法与之和平共处，所以它们也就会尽其所能地避开公开市场。小型诈骗试图在内部保持价格一致，它们不许低价销售者参与其中，从而形成企业联盟，进而至少是限制了市场的功能。大型诈骗则竭力确保自己与竞争对手有不同的销售定位并会通过广告赢得客户——总之，就是想尽一切办法避免真正的竞争。其中最强劲的竞争要属试图摧毁对手形成独自垄断的竞争。这与市场可谓背道而驰。

通过引入抽象、象征意味浓厚但持久又通用的价值尺度，人与人之间的交易就会变得轻而易举。这种价值尺度最早用的是贵重物品，它们不会损坏、可以计数，甚至还可以分割。斯拉夫语里的动词 *platit*（支付）明显源于 *plátno*（帆布），因为这曾是一种支付方式；帆布显然有些价值，因为它不会腐烂或褪色并可分为更小的部分。某些地方用的是贝壳或石头，但多数情况下约定的支付形式都是贵金属。它们稀有、美丽，还不会生锈，你可以在口袋里放入许多贵金属，只需称重便能知道它们的价值。为了防止欺诈行为，城市和统治者在小金属块上刻好印记作为担保，首批硬币也就由此而生。随着时间流逝，人们开始明白，如果统治者和国家是可靠的，那么金属块本身并不重要；重要的是担保。在二百年前的革命年代中，国家没有足够的银币，军队又需要钱，于是纸币就开始流通起来。战争结束后，国家破产，于是人们又不愿意接受纸币。政府意识到，只有确保纸币保有效力，人们才会乐意接受它；货币政策便应运而生。纸币可能影射的是金子，但其实钱在今天纯粹是象征性和契约性的，依据我们（或多或少自愿的）对银行和国家的信任来保证其有效性。现如今，多数钱甚至都不是以纸质而是以电子方式在进行存放。

金钱最初是一种简化交易的手段。但没过多久，金钱的其他益处就也脱颖而出。例如，与大多数有用之物不同，它不会变质（只要你想就能轻松地将它从一地转到另一地），并且也便于存储。不像面包只能拿来食用，钱不仅可以买到食物，还能买到啤酒、鞋子和摩托车等。因此，一般来说，货币正常流通时，有钱比拥有几乎其他任何用品都更有优势。这种状况支持的是延迟消费这一倾向，即节约当前交易费用，进行长期投资。而这反过来则极大地支持了长期经济稳定并进而促进了政治稳定。于是，金钱也就从交易手段上升为最普遍的财产形式和通用价值尺度，最后更是成为经济顺利发展的神奇动力。然而，我们对金钱为何会起作用及其如何起作用却是一无所知。[①] 而这

---

① "几乎所有人都喜爱金钱。"——亚里士多德

则必然部分要归功于上述金钱的通用性和便携性,银行家们用传神的术语"流动性"来描述这一点。

　　我们已经知道,现代社会中的价值是由金钱来加以衡量的;用金钱表示的价值称为价格。这大大简化了所有的人类交易,但也亵渎了多元化的价值。我们知道,价值是个人的,而金钱的"价值"则是抽象的,只能表现所供货物或服务的相对稀缺性和供求关系:需求越大就越昂贵,越容易获得就越便宜。几百年前,曾有一位不知名的民间经济学家说过这样一句话:"盐胜过黄金。"① 换句话说就是,实用性不必与价值的稀缺性相关联。盐对生命至关重要;但盐却并不是什么稀缺品,所以它比黄金要廉价得多,而我们没有黄金也一样能过日子。生命中那些不可或缺的东西,只要不稀缺就不存在价格——洁净的空气和水都是免费的,至少曾经都不用花钱去买。如今因为缺乏这些洁净的东西,所以才要花钱去买,如瓶装水。我们的祖辈定会对此感到难以置信。

　　在交易发挥着像如今这般重要作用的社会中,这种价格和金钱的有效机制变得越来越广泛。越来越多的物品和活动都被标上价格成为要用货币购买的商品。所以我们才会花钱去买书,听音乐会,参观博物馆,听讲座,购买好的(有时甚至是差的)服务,付钱给别人来招待我们,等等。同时我们也会出卖自己的"人力",即时间——那是我们生命的一部分,我们自身的一部分。我的工作时薪,比方说是十欧元,那么我本人的价值(考虑到已经使用过部分生命)将会约为一百万欧元。我越是出卖自己和生命就能赚到越多的钱。但是,如果我出卖掉我的一生,那么这些钱对我又有何用?然而,人类有一种通

---

① 出自一个广为人知的捷克童话故事。

过集中于单一主要目标来简化生活的需求，而这也不断驱使成千上万的人出售他们越来越多的生命去做不喜欢的工作。英国作家吉尔伯特·切斯特顿曾写道："拥有奴隶很便宜。成为奴隶则更廉价。"

用金钱来衡量价值这种普遍做法会不可避免地将价值平均化，将不可比的东西进行比较，最后引发荒谬的后果。比如，母亲养育孩子的工作就没有金钱上的"价值"。我们在家庭"内部"进行的许多其他活动也是如此——我们并不期望从中得到报酬。多数经济学家都认为这类活动要多于市场上的买卖活动。

金钱作为通用的价值衡量手段推动现代社会正常运转，但要维系社会就必须有所制约。自由社会允许人们生产和销售几乎任何东西，除了金钱本身。若人人都能自行印制纸币，金钱也就没有用武之地。若人们能够贿赂警察，"买断"陪审团的裁决，社会就会分崩离析。作为人类，我们也该道明什么东西不能用钱来衡量，哪些价值对我们这般重要以至于我们更愿意义务地去践行。就这一点而言，我们从来也永远都不会去购买自己生命中那些最宝贵的东西：生命、健康、幸福、爱、孩子，因为它们都是无价之宝。

自由社会不能行使武力对社会成员的行动进行必要的协调，而是会利用价值（主要就是金钱）的吸引力，因此金钱（尤其是巨款）也就会代表一定的权力。有钱人自然会有一定的影响力，没有人会想去糊弄他，并有许多人会依赖他。这乍看起来极不道德。但在为此感到沮丧之前，我们应该先了解一下还有什么其他选择。当然，金钱意味着权力——但这也意味着这种权力可以分割和衡量，所以每个人都至少拥有一些权力。没错，有些人权力大，有些人权力小，但倘若不存在金钱，那么情况就如同古老的专制社会：要么有权，要么无权。统治者、领主或酋长一人决定谁有权、谁无权。有了金钱后，权力反而得到分散，人人都知道自己有多大权力。几乎每个人都有钱买辆自行车，多数人都买得起一辆小汽车，少数人可能买得起一辆宝马车，极少数人则买得起一架私人飞机。

所以金钱彻底地分配了我们的权力。但是，为了让金钱本身能够存在，社会上必须有一种不能用金钱购买的权力来保证金钱的运作。若人人都能自行印制金钱，就没人愿去接受金钱。若国家的政权成为可以购买的货物，由此没有人能够保证金钱的运作，人们也就不会再去信任金钱。若人们可以贿赂警方和法庭，花钱买个县长或部长职位，那么社会和金钱的作用就会每况愈下。所以每个社会都必须竭力去保持金钱与政权相分离（如果可能的话）。两者会相遇的危险区域被我们称为"利益冲突"，立法者和法庭必须在这些方面保持警惕。离职的财政部长成为银行董事，当选官员给予选民奖赏，这些都是应该引起我们警觉的事情，因为这岂不正是在与权力和国家议价吗？普遍选举权，媒体独立又有批判眼光，民权有保证，当然还有最低生活保障，这些东西是社会对财产和金钱力量的最佳防范。金钱的存在，更准确地说是金钱的效力，取决于可靠的权力、公正的政府和公民和平。自由、金钱和市场的全部魔力就在于这些宝贵而不可交易的东西——人们信任彼此，信任其所生活的世界。

❧ 思考题 ❧

- "价值"一词表达了什么？这个词与"评估"有何联系？
- 每个做决定的人都是在评估：我们的价值偏好来自哪里？它们能在多大程度上影响决定？

- 举出一些评估标准有所变化的例子。它们如何变化？为何变化？
- 做决定就是在两种不可兼得的价值之间进行选择。举出一些这类"价值冲突"的例子。
- 我们个人的价值如何成为普遍的价值？金钱和市场在这个过程中扮演着什么角色？
- 金钱以什么方式依赖于信任？这与通货膨胀、利息、储蓄、投资等有何关系？
- 描述一下有哪些对金钱的滥用并阐述一下这些滥用如何腐化了社会。
- 分析一个当前的利益冲突案例。

23

惯例与社会

在之前的章节中我们已经说明，人的行动只有在它不是随心所欲的时候才会是自由的。只有当这样或那样做会出现重大差异时，才会有选择出现。若没有什么是成败攸关的，我们就会对一切都漠不关心，我们才会有难以忍受的无聊感和挥之不去的徒劳感。说来也怪，若是环境确实恶劣，也就不会有这种无趣和枉然，例如被关入集中营、生活赤贫或受到压迫。在这些情况下，人们总得做点什么——这样一来，人们也就可以为自己赢得少许自由，哪怕是要为此付出巨大的代价。但若一切都应有尽有，无趣和枉然也就会成为常见的威胁。

自由的行动总是会受到什么东西的支配。支配我的是吸引我的东西、对我作为人至关重要的东西，或者是我的目标和想要努力实现的东西，总之就是我的价值观。不过，价值的魅力并非作用于真空中或者是广阔的天地间，而是会在有很多制约因素的可行范围内产生影响。这里尽是人人踏过的平坦小路，也尽是无人想要进入的不可逾越的灌木丛，并且还有许多写着"禁止入内"的警示标志。

社会惯例（或规矩）在其最宽泛和普遍的意义上可以说是一种可接受行为（和不被接受行为）领域的地形图，是对人类行为准则的一个总结。道德作为"规矩",作为对所有"能做和不能做"的事情(以及如何做或如何不做)的总结,首先是一种大有用处的工具。有了它,我们无须思考过多就能解决那些每天都要打理好的事情,而且在这样做的时候我们经常都是在考虑一些更有趣的东西。例如,我们通常都不会去多想:每天早上要洗漱更衣,出门要穿鞋,中午要去某地吃饭。有了惯例和规矩,我们就可以去购买现成的衣服和鞋子,因为每个人都穿得差不多。我们甚至会去购买标准形状和规格的食物。不用思考太多,我们就可以用习得的套话跟邻居打招呼(想象一下,如果每次见面都要思考说点什么有意义的话,情况会是如何),可以出门来到街上等候电车的到来。我们心平气和地做着这一切,心安理得地确信这就是"惯例",守规矩的人都会这样做,因为一直以来我们都是这么被教导的。

无论看起来有多么肤浅,这种必不可少、称心如意、安逸自得的一致日常行动却是有一个更重要的作用。正是这种一致性维系着同一个社会,使其与其他社会区分开来。故乡不一定指代具体的地点,有些人即使身处他乡也会带着身在故乡的感觉。他人以我们习惯的方式行事,我们就会感到像在家里一样舒适自在。另外,一个大的国民社会还有共同的语言,这不仅意味着有共同的词汇和语法,还意味着大家说话时有相似的语气。

这个庞大却又是无形的设备、人类的"软件"来自哪里?动物也有类似的天性。著名奥地利动物学家,也是经典比较行为研究的代表人物康拉德·洛伦兹让如今的我们认识到,这种动物的"本能"并非微不足道。例如,食肉动物和猛禽,除了长着尖牙利齿,也有与生俱来的特定惯例和规矩,以免杀死同类中的弱小成员。小狗躺下身子,跷起腿来,大狗就不会去咬它。难道这只是一种本能吗?那么我们又

小哲学：
如何思考普通的事物

是从哪里获得我们人类的"社会本能"呢？这最有可能就是来自我们学习一切实用之物的地方，即家里、厨房里和孩子的卧室里，在那里我们没有经过深入讨论和分析就纯粹地模仿了所见之物。至于那些我们不该效仿的东西，我们则要接受他人的教导。人人都是按照类似的方式去学习普遍的社会惯例，就像学习说话和思考一样，最初来自父母和兄弟姐妹，后来则是来自老师和同学。

因为基本的社会惯例对所有社会来说都是重中之重，所以社会必须确保人们去遵守它们。某个社会若是无法做到这一点就会分崩离析。动物社会也是如此，关于它们的惯例我们现在已经了解了不少。大型社会都有自己的国家和必要的执法机构（法律、法院、警察），它们会以这种外部形式去确保人们会遵守那些最重要的"惯例"。符合刑法量刑标准的行为由于不再属于可接受的自由行为范畴，所以它们不是"惯例"或"规矩"。交通法清楚地阐明了规矩与自由之间的联系。轻微的交通违规会受到警方的处理与罚款，所以极少有人会因犯这些小错而感到羞愧。即使在孩童时期我们也能察觉到，在遗弃的果园里摘梨与大胆爬上受保护的花园围墙这种带有一定危险的行为是有区别的。比起征服全副武装的战士，殴打手无寸铁者在道德上要显得更为恶劣。总之，所有暴力的防御方式往往都会削弱道德防线。所以哲学家斯宾诺莎在三百年前写道，试图用法律规定一切的人最终会摧毁道德。事实上，所有的辩解都会破坏道德的基础，因为一种行为如果是合理的、健全的或者是有利可图的，那就几乎没有理由去将它看成是道德的。

那么，真正（即自由）的惯例又是如何得到维持和遵守的呢？这主要是通过父母和长辈的行动。然而，有些人由于从小没有很好地掌握惯例，所以他们在成年后或是在习惯不同的异国他乡生活就会遇上困难。我在金器车间当学徒时，车间里有一个雷打不动的惯例。每人桌上都摆放着约一公斤金子，这些金子唾手可得，在这种情况下唯有相互信任再加上惯例才能保护好它，所以这个惯例无可辩驳。一天，某个外国工会代表团抵达后忘了跟我们打招呼。这在捷克社会很敏感，立即引发多达三十人的一阵嘘声。当时是 1950 年代初，代表团由当地党派的要人陪同而来，所以那些要人不可能没有察觉到这一点，但好在最终并未酿成大祸；工人阶级终于胜利了一次。

让我们来关注一下另一个重要之处。正如我们所见，惯例主要用于处理小事，它所涉及的几乎都是一些例行礼节。例如，没有人真的知道我们为什么要用左手拿叉，为什么不能交叉握手。这些惯例有可能源自迷信，但却让人感觉舒适，所以也就保留了下来；也许在某个尴尬的时刻，房间里的每个人都在握手，那么此时就应忽视这个问题，同时这也表明我们知道正确的握手方式。顺便说一下，这就是为什么惯例和规矩是不可名状的，如果有人想以社会教义问答的形式去加以描述，结果通常都会是关于规矩的一部轻喜剧。然而，我们只需根据某人是否遵守例行礼节就可以判断在更重要的问题上能否信任某人，就像在金器车间里那样。简单来说，这种行为上常见的一致性将社会联结成一个互助、团结、可信的共同体，没有它，我们根本无法生活。当然，这种自然而然的简单化也很容易被滥用；行骗者就很清楚这一点，他们可以说是用逾常的礼貌或"规矩"出卖了自己。

courtesy（礼貌）一词来自 court（宫廷），我们的惯例和规矩有很大一部分都是来源于此。我们的祖先之所以会效仿惯例是因为他们喜欢那些惯例；在餐桌上不吧唧嘴需要做出一定的自我控制，但他人必定会欣赏这一点。也许因为法国的宫廷更有名，所以即使是在脚手架上工作的法国砖瓦匠也会在吃饭时至少使用餐巾。或许由于美国没有皇室宫廷，所以美国人没有类似 *bon appétit*（"祝您胃口好！"）的客套话。因此，惯例不只是包括会招惹是非的禁忌所在；它也有其他可能性，例如非凡的审美效果；它还可以是我们每天一起玩的高雅游戏，或者说它能让人感到"善自珍重"。这可能是一件极其严重的事情。例如，在第二次世界大战中，不剃须的战俘生存下来的可能性很小这一点被反复坐实。

我们不该认为惯例和规矩只会关心那些愚蠢的细节。我们已经看到，根据某个人如何处理这些微小的细节，我们就能判断是否可以在大事上依赖此人。这只是一种迷信吗？也许并非如此。遵守规矩和做出那些"好的行为"，这来自于对他人的关心和限制自己自由的意志。理所当然去这样做的人是（或至少可以成为）自由人，因为他或她已明白自由不等同于放肆。因此，过度区分什么是惯例和规矩的根本、什么则是附加的并不明智。捷克哲学家瓦茨拉夫·博龙哈德斯基（Václav Bělohradský）一直都在强调"良知"的重要性——这是自我约束的一种形式，只是我们还不能证明其存在的合理性。然而，摒弃良知之人则会让他人感到面目可憎。整个社会惯例是人类的共同经验，没有人可以肯定地说明各个部分的重要性。重要的是整体。

到现在为止，我们一直都是视惯例为墨守成规且代代相传。然而，同人类经验一样，惯例也在悄无声息地发生变化。社会不再坚持的东西就会衰败瓦解，即使保留下来也只是装装样子，因为已经没有人会继续在它们上面费心。年轻人对那些早已走到穷途末路如今已无法再理解的惯例感到尤为不悦。长辈们越是拼命维护那些惯例（他们自己也不知道为什么要那样做），年轻人就越是恼火。最终，有人鼓起勇气去明目张胆地打破惯例。想这么做的人，不仅要有勇气，还要有丰富的想象力。但若行为新颖，吸引他人，那么在几年之内，这种做法就会成为常态，需要勇气的反而是拒绝与时俱进的人。就在几年前，年轻的男性（也许是为了泄愤）主张自己留长发、甚至戴耳环的正当权利。在停滞不前的社会里，惯例以外的一切都得不到认可，人们无法自由地呼吸。但若抗议变得盛极一时，社会本身就会受到威胁。

大多数社会（不论古今）中的社会惯例都集中在一些共同的主题上：发型和面部毛发；服装；餐桌礼仪；对待他人特别是长辈的恰当举止；两性关系。如果你读过有关民族学或旅游方面的书籍，你就会知道任何社会的和平与稳定（从最贫困的丛林部落到最时髦的城市）总是依赖于这些相同的主题。各种形式的社会叛乱（从浪漫主义运动到光头党文化）的目标也正是这些主题。而且显而易见，这些主题与狭义上的道德几乎无关——它们距离现在越近也就越是如此。

可接受的行为准则会不断发生变化（尽管比较缓慢）。这些准则能够抵制外界干扰（即使在共产主义时代，"同志"一词也未真正形成惯例），我们还能非常敏感地分辨出哪些准则是严肃认真的、哪些准则只是对习惯的维系。所以我们可能会对某些行为感到深恶痛绝，而把另外一些行为则看成是"绅士"般的小过失，甚至还会暗暗艳羡。例如，在某些国家，小偷小摸不会影响整体的道德风气；在某些地方，人们对粗鲁的行为和态度极为宽容，甚至还会认为这是男性气质的标志。在路德宗国家，即使在今天我们也可以看到顺从是一种多么宝贵的品质，无须条件且无一例外（顺便提一句，这在康德的伦理学中是一个严重的漏洞，否则就会是一种杰出的学说）。另一个很有意思的领域则是关于婚姻中忠与不忠的不同评价标准。在多数人的生活都依赖家庭稳定的时代，不忠是不可原谅的。相比之下，现代社会则似乎对这个问题过于宽容，因为人们似乎不够重视其所造成的伤害，特别是给孩子造成的伤害。

　　在现代社会中，惯例和规矩看起来都在逐渐消失殆尽。这意味着社会本身也在衰落，而且一旦衰落到一定程度社会就会瓦解。正在瓦解的社会无法通过正规渠道来捍卫和坚持惯例，这时就会出现一些团体试图用别的东西来取代它们。但是，这些人并不寻求建立惯例或规矩，而可以说是"去芜存菁"。对那些不了解"秩序井然"与担惊受怕之间差异的年轻人来说，他们就是想吓唬别人。而那些连最轻微的日常秩序紊乱都应对不了的社会自然也是招架不住这些人。甚至到处还有成年人愚蠢地相信"这样做有些道理"。然而，这些人的想法实在是大错特错。恐惧只会招致更多的恐惧或愤怒，而永远都不会引发好的规矩——即，一个实用而日常的自由人共同体。

❧ 思考题 ❧

- 试着表述一下价值与规矩之间的区别。
- 在当代社会，什么是所要求的？什么被视为"绅士"的小过失？什么是完全能包容的？
- 你能比较一下自己所在的社会与另一个社会的惯例吗？
- 描述一下与吃饭有关的规矩。为什么这些规矩如此重要？
- 描述一下社会与惯例的关系。
- 惯例和规矩是如何发展的？请举例说明。

～ 24 ～
道德与伦理

思考过道德这个话题的你们，现在可能已经有些不耐烦了："这里要谈的道德又是哪种道德？"道德必然要比动物都具有的纯粹规矩或惯例更为深远而重要。因此，我们也是时候去深度挖掘人类道德的真正根源了，它确实要远胜惯例和社会规范，虽然它仍旧与之有关。

人唯有基于自身判断去做决定而非随波逐流才会有真正意义上的道德。"人所在的地方是他自己选择的，危难时刻也要驻足于此；他在乎的不应是死亡或别的东西，而是蒙羞"，在柏拉图的《申辩篇》里，苏格拉底因被指控败坏雅典的道德规范而被判处死刑，他在雅典人面前为自己辩护时就是这么说的。《出埃及记》里更是直截了当："不可随众行恶。不可在诉讼的事上随众说歪曲正义的话。"突然之间，道德与惯例相悖——道德的行为并不是与他人一致的行为，而是敢于与"众人"唱反调的行为。这怎么可能？

我们应该深思这一点，而不是草率地就得出结论。苏格拉底的行动是道德的，并不是因为他与别的雅典人对立。他本人清楚地解释说，他这么做不是因为"自视甚高"想要挑起众怒。他这样做是因为他感受到了其他雅典人明显忽略的东西。别人如果也能感受到那些东西，肯定也会这样行事。道德的行为不是不惜一切代价地逆流而行。这种行为不是由多数人的意见而是由别的东西所支配。不过当有相反意见或矛盾冲突时，这种行为确实会显得尤为突出。虽然苏格拉底与他的公民同胞一起生活，但他们各自的动机却是不同的。

规矩和惯例能够分辨出人是否有教养，道德能够分辨出的东西则更加重要：是非黑白。所以社会规范会要求我们做什么和不做什么而不问为什么。而对道德来说，追问为什么则是不可避免的。我们可以思考一下任何道德准则里最重要的一条："不可杀人"。我们能否回答为什么不可杀人？可能的答案有：（1）因为否则自己就可能会被杀。（2）因为这是不允许的，杀人会受到惩罚。（3）因为生命（特别是他人的生命）不由你来夺去；我们都只是被赋予生命。

第一个答案切合实际，强力有效。它利用到了经验。它的弱点是，依照这一说法，一个人可以决定不杀人或者保证绝对的人身安全以不被杀害。毕竟，这似乎是最强大的杀手所青睐的解决方案（无论他们的行动是私人行为还是国家委托的）。第二个答案简言之就是法律的答案，它把行动与外部的责任和惩罚联系到了一起。这也是学校所教导的和国家所赖以为基的。反过来，国家的工作就是确保这会有效地得到执行，为此才会有法院、警察、监狱。这一答案也最接近我们上面提及的惯例"不可杀人"，因为这是不允许的。但与第一个答案相类似，这只能引导杀人者去当心不要被抓住和受到惩罚。这也是所有侦探小说的内容。还有第三个答案，它不是基于恐惧心理。我们无法逃避它，因为它直接呼吁我们的良知和内心。它所基于的东西来自宗教，并且可能也不是所有人都会认同。瑞士人道主义者史怀哲称之为"对生命的敬畏"（reverence for life）。他认为这是一个不争的事实，他试图不用说理而是用他的行动去证明这一点。

当我们开始为道德行为进行辩护并回答"为什么"这个问题时，就会进入哲学伦理领域。关于为什么不能偷窃和杀人的哲学回答可以分为两类。一些哲学家试图将道德基于人对自己的尊重，其他哲学家则将其基于人与他人的关系。第一类说法（如斯多葛派伦理学）指出，只有美德才能保证生活过得心满意足，没有烦恼和失望，而这些都是不受控制的情绪。伊壁鸠鲁派也是主要追求生活的满足，他们认为这只有通过行使少量的自我控制才能得以实现。为了全面地说明这一点，我们补充一下，古人认为美德并不是一丝不苟、软弱无力的品质；相反，美德中排在第一位的就是勇敢。古代伦理中最具代表性的观点是，大多数错误和犯罪都是由激情引起的（现代术语叫"头脑发热"），故需用理性去加以克制。看来，我们这个时代对于理性的潜力更加存有疑问，因为有无数证据表明，罪大恶极之事（如死亡集中营）都是经过冷静的头脑计算然后不带感情地去执行的。

现代道德的典范之一必然是康德，他将它建立在平等的基础之上：要只按照你同时认为也能成为普遍规律的准则去行动。这非常接近于圣经里的"己所不欲，勿施于人"。《新约》里的说法则要更为积极："己所欲，施于人。"然而，这两者之间有显著不同。圣经要求人们去认识自己所欲（或不欲）的和他人或许所欲（或不欲）的东西。康德的准则则要求一个人为全人类思考，这几乎不可能做到且有如下危险：我们会不经意间将自己对正确行为准则的理解移情或强加给他人。从这里到道德赋予人权利去要求他人这个普遍但错误的想法（康德本人也警告过这一点）仅有短短一步之遥。不像惯例和法律（它们可以且必须做出这样的主张，从外部去抑制人的自由），道德则是在自由的范围内运作，完全取决于每个人自觉的自我约束。但是，约束自我这一事实并没有给予我权利去约束他人。所以道德指令倾向于用第二人称单数形式来表达——不是"人不可偷东西",而是"你不应偷东西"。道德直接和我对话,迫使每个个体去遵守,而不是面向"全人类"。

在强烈的个人主义社会和阶级中,在贵族或武士和官员中,以及在整个上层阶级中,荣誉观都起着重要作用。人的行为不会以损害自己的荣誉为代价——不会利用比自己弱小的人,不会说谎并会无条件地去履行自己的诺言。这些人将他们的所作所为都归结于自己,并且始终知道不能否认自己的行为。苏格拉底说,杀人者在生命的剩余时间里都会跟谋杀犯(他自己)生活在一起。因此,一个人必须以日后不会感到悔恨的方式去行动。当然,这也是说来容易做来难,但这仍是一个强大的伦理动机。例如,当下许多道德律令都失去了它们的影响力,但我们仍然认为履行诺言是成为"正派人"、伙伴和朋友的必要先决条件。这与海德格尔的观点密切相关,即人的使命是试着将自己的生命当作一个故事、当作一种完整的权利来看待和塑造直到死亡。

十诫之一的论证很有意思:"当孝敬父母,使你的日子在耶和华你上帝所赐你的地上得以长久。"这里面的联系显而易见:借助于你的孩子你会实现长寿和幸福,所以最好你自己对你的父母也是这样做。然而,这是一个指令,而不仅仅是一个与事实相关的解释。它论述的是面向未来的理由:必须先投资才能实现目标。但是事情并没有这么简单。这一戒条拓宽了我们的视野,超越了我们个人的寿命问题——你的生活与你的父母和你的孩子有关,这不仅在生物学意义上是这样,还是一种相互的誓约。有人能强烈地感受到这种誓约,还有人则致力于增加他们自己接手并想要传承下去的遗赠。这就是为何说孩子、家庭和国家是一种自然的方式,这种方式下的道德准则,或者说对美好生活的珍视和在乎,是超越个人的。这时我们会思考对遥远未来的展望(这种展望不会影响到我们自己),思考我们这辈子无法实现的希望。人只有顾及后代才会去承担如建房和种植果园等艰苦工程。而也正是基于这一原因，孩子、房屋和树木这三者在很多谚语里总是正好一起出现。

德国社会学家马克斯·韦伯表示，特别是对于公共行动，很有必要区分"信念伦理"和"责任伦理"，前者只根据既定原则来做决定，后者则还会考虑到每种行为的可能后果。所以如果要指控丘吉尔向斯大林的俄罗斯引渡俄罗斯战俘，或指控第一位捷克斯洛伐克总统马萨里克批准军队对示威工人开火，我们就应考虑到他们作为尽责的政治家有哪些选择，以及这些选择可能会导致的后果。军事领导人或机长的决定亦是如此——简言之，那些必须对他人的生命做出决定，而不仅仅是对自己的生命负责的人都是如此。这两者之间的差异有目共睹。拿自己的生命去冒险可能是一种英勇的表现；而拿别人的生命去冒险，这本身就有问题，即使这在某些情况下是必要的，例如在打仗时。

古典伦理体系试图建立起适用于所有人和所有情况的准则。但实际上这是一种过于强硬的"方法简化"，这很可能会导致某种荒谬的结果——例如，告密者可以声称他只是在说实话，懦夫可以说他是想避免使用暴力。这就是为什么今天的世界更为接近戏剧性的悲剧，呈现着价值与道德之间的冲突。《安提戈涅》和《哈姆雷特》清楚地向我们展示了，道德的行为总是处于某种背景之下，背景本身就部分决定了什么是诚实和道德的，什么则不是。

人的行动总是会带有一定的意图，即头脑中有目标。因此，功利主义者颠覆了康德的想法——关键问题不是你所做的决定，而是你要实现的目标。英国哲学家约翰·穆勒在他的名言中表达了这一点，即关键是"最大多数人的最大幸福"。这乍听起来相当令人信服，但细一琢磨就会发现，这里面也有一些问题。预期的幸福在未来某个不确定的时候要具体化，所以人们必须根据估算和预期去做决定。而只有回顾过去才能进行评价。此外，"幸福"一词该如何理解也不够明晰：是更多的食物、汽车和金钱？还是再加上清洁的空气、干净的环境、稳固的友谊？而且很多人的"幸福"如何去比较衡量和计算总数也是说不清道不明的。例如，社会是否可以通过摆脱那些给他人带来麻烦的个体来换取土地上的普遍和平呢？

即使是可以想到的最好的结果也不能为恶行开脱，所以它不能成为应该或不应该去做某件事的决定因素。即使是没有达成目标的勇敢也肯定不同于懦弱，但非常成功的骗子却依旧是骗子。到目前为止，我们一直忽视了道德行为的根本所在。我们认为纯粹地做出反应属于动物和鲁莽之人，而人类行为的特点则是能够与其冲动保持一定距离。人类不是仅仅做出反应，而是会遵循某种目标并采取相应的步骤。但是，这样一个人的目标从外部来看并非一目了然，而好的策略家或玩家则会悉心维持这一点。象棋玩家开局让棋并非漠视兵卒，而是想要给对手设置陷阱。如果对方没有注意到这一点，那就太糟了。因而，人类行为的本质，再加上目标与行动之间保持着一定距离，遂使诡计、欺骗和谎言成为可能。

因此，伦理学中有些思想学派进行道德评价的依据不是对目标的评价，而主要是关注执行者的诚实与坦率；所以他们把伪装和谎言视为一切罪恶的根源。其中最出名者自然要数尼采的伦理观。在这方面颇具启发意义的还有大卫和拿单的圣经故事（《撒母耳记下》）。大卫王喜欢上了一个去打仗之人的妻子。他和她一起过夜后该女子怀孕了。后来，大卫王试图掩饰自己的行为，但结果却是徒劳。由于掩饰不成功，所以他就想法让该女子的丈夫在战争中丧生，然后自己娶了该女子。之后，先知拿单与国王对质，责备他那些糟糕的行为——

不仅是通奸和谋杀，而且最重要的是他那预谋好的谎言。在这一绝境中，国王承认责任确实完全在他自己。他不能撤销他的行为，但他也不会再对自己说谎。根据故事作者的描述，这样做的效果前所未有：他被耶和华所赦免，相应地又被整个希伯来传统所饶恕。那么我们是否可以说一个人只要肯诚实地对待自己，他所犯下的严重过失就可以被宽恕呢？如果可以的话，这将会是一种什么样的伦理？

我们在这里谈到了更广泛意义上的价值，而非普遍的道德。然而，我们也表明了不同的价值迥然相异：有些事物的价值可以用金钱来衡量，有些事物的价值我们则会反对用金钱去衡量，还有些事物的价值则根本无法用金钱去衡量。正如披头士乐队所唱的，"金钱不能给我买来爱情"。诚实和慷慨当然会被看成是价值，虽然它们实际上很可能会损害拥有这种价值的人的经济利益。"从长远来看，诚实会带来利益"，就连这种常可听闻的论断也不全然能够让人心悦诚服。正如英国经济学家约翰·凯恩斯所讽刺的那样，"从长远来看，我们都将死去"。显然，社会不能缺乏这些"无利可图"或者说"非功利"的价值而存在，特别是不能没有那些无须思考太多就以这些价值为指导在日常生活中行事的人。传统上我们会说这样的人是"光荣的"，因为我们相信这样的行为会让人"引以为荣"。如果我们停留在理性伦理领域，是否可以解释这一点呢？

人们会打理好那些在某种意义上对他们有利的东西，这很重要，实际上这也是一种再自然不过的举动，并不会让人感到惊讶。而那些目标并不是为了满足个人利益的行为呢？最容易理解的就是人们为了照顾后代而责无旁贷地去做的那些事情。有人甚至将这些行为与我们的遗传配置（即基因）联系在一起，说是为了维持基因链等。即便如此，人类本能的器官装置，就算是用于照料年幼的孩子等之上也是非常虚弱和不确定的。此外,人们还会照顾严重残疾的后代,这些子孙在生物学意义上来说根本就没有未来可言,而且往往也不会给他们的父母带来多少幸福。然而,人有时却会为了整个社会的利益而行事,甘冒生命危险,甘愿牺牲自我。英雄主义向来都是备受尊敬,而不仅仅是在战时。但是,行为的顶峰总是表现于那些其所作所为无法诠释或理解的人身上,这些人从前被称为圣人。他们受人尊敬,因为其行为带有很强的个性和创意,他人无法习得或模仿;其行为高贵而美丽,除了难以描述之外,还会发展演变为超越任何个体的品质。人类与其他生物不同,当然具有特殊的可能性和才能;然而,这本身并不能成为人在世界上占有特殊地位的理由。只有不仅会根据自身利益去行动,而且还会设法代表包括大自然和全世界在内的其他一切去思考和行事,才能证明我们是特别的。例如,只有人才有能力去感知胜过他的东西,而这也是唯一能证明我们应该无条件地尊重每个人这一要求是合理的事实。这并非只是宗教上的特权。尼采当然不推崇宗教信仰,但他却也写道:"人是某种必须被克服的东西""人是一根系在动物和超人之间的绳子",这与我们所说的意思差不多。

纵观人类历史,基于宗教的道德体系可能是影响最为深远的。因为这些体系不是源于自主的人类主体,即独立、理性、不受惠于他人的个体这一观念,而是源自人类相互依赖这一点,而后者则可能要更为接近现实。婴儿当然不是一出生就"独立",即使是发育成熟的成年人也往往是接受比给予得更多。我与世界之间的"资产负债表"永远都不会平衡。经济学家也很清楚这一点,他们把那些我们免费获得的东西,如土地和土地上的资源、空气和水,都称为"外部性"。但即使在基督教内部也有双重伦理准则——一者主要基于对(永恒的)惩罚的恐惧心理,因此它并不是真正意义上的伦理准则;另一者则更为罕见，它诉诸感激心理——通过好的行为，人们以一种不太完美的方式去偿还他们事先没有做出任何努力就得到的东西：生命、健康、幸福、朋友、孩子。耶稣所说的话如"自由地接受；自由地给予"，或者是豁免债务的寓言（《马太福音》18：23），向愿意接受这些说法的人们提供了可能是伦理准则的最佳基础。而这主要就是因为它很好地涵盖了真正道德行为的自由本质，即不是基于恐惧心理，而是基于感恩和爱。然而，哲学家的任务则是要向人们指出，这些本质是内在的、弱不禁风的，最好不要去谈论，非要谈论时则要尽量做到得体和周到。

思考题

- 解释一下社会惯例（规范）、道德与伦理之间的区别。
- 人从小就在学习社会规范，这等同于道德吗？
- 道德的基础是什么？道德的权威来自哪里？
- 如何证明道德诉求的合理性？对比一下不同的说法。
- 什么是美德？
- 为什么很难谈论或记述道德的崇高和伟大？

25

法 律

　　一些基本的正义观似乎是做人的一部分；小孩子有强烈的正义感，并且所有人类社会都依赖于正义。但若仔细观察我们就会发现，正义在不同情况下有着多种多样的形式。每当要分发或分享什么东西时，就应以"分配正义"（distributive justice）为原则，收益和负担需要公平均衡地进行分配。但这是什么意思呢？它的意思是：在把一块巧克力分给孩子们时，每个孩子得到的分量要相同。但在其他情况下，公平的做法则会是让某个孩子得到更多分量，或者是作为奖励或者是因为这个孩子生病了。兢兢业业或有技在手的人应该赚取更高的工资，国家应该扶持各类残疾人士。税收体制、工作报酬、针对身体不适或境况不济的人的福利，应该受到公正的约束。负责决定这些事情的人需要认真权衡平等和功绩的原则，铲平不公正的方面。因此，分配正义是一个复杂而且总是会引起争议的主题。如果把它看成绝对平等，就会导致与个人自由相冲突。社会和国家应该平等对待其中的每个成员，但人们决不应将生命中的一切都托付给社会和国家。对于公民事务，人人"平等"，但绝不意味着同等。

　　有人欠别人东西时，情况就会有所不同。借用的东西要归还，破损的东西要修理，购买的东西要付钱。这契合"应报正义"（retributive justice）这个概念，它存在于民法和刑法中。在最简单的情况下，这似乎不过是"平等"这个观念的延续。向别人借钱的人要归还欠款。但要是那个人偷了钱呢？此时仅仅归还钱款是不够的。因为此人犯了罪，所以他要接受惩罚。另外，许多犯罪行为都是无法挽回的；杀人犯被送进监狱，这对他的受害者来说丝毫于事无补。国家（以公诉人的形式）对被告提起刑事诉讼，摆在议事日程上的只有惩罚。除了作为证人以外，受害者不参与诉讼，如果受害人想要索偿，他或她必须走其他渠道。

  人们直到并不是很久之前才开始考虑，罪犯应该主要通过努力实现某种形式的赔偿（也许只是象征性的）来受到惩罚。对罪犯进行惩罚的普遍理由是，这首先是对他人的威慑，其次这能教育罪犯，最后这还能对整个社会起到防御作用（入狱的罪犯无法伤害我们）。尽管如此，修补被犯罪扰乱的世界秩序的古老神话观，至今仍在影响着我们对"公正的惩罚"（just punishment）这一概念的理解。毕竟，罪行不受惩罚，对受害者和遵纪守法者来说都是不义的。正如某条古印度法律所述："受到惩罚的罪行落到罪犯身上。不受惩罚的罪行则落到统治者、法官和其他人身上。"

  我们已经看到，伸张正义可能是一个危险的过程。如果有人从我这里拿走东西，那我就会认为我有权报复对方。但是，加害我的人则不太可能会认为这是正义的。在这里，我们有看待同一事件的两种方式并且这两者不太可能达成一致。如果有人取走了另一个人的性命，那就越发难以进行调解。伸张正义者最可能是受害人的亲属，涉及其中的人数也要更多。圣经里描述了也许是防止杀戮升级的首个尝试。该隐的故事（《创世记》第 4 章）里实施了不准杀死谋杀犯这个得到认真执行而不可思议的禁令。类似措施也存在于原始部落里，但它们很可能并未得到认真执行，因为这很难与正义观相调和。可能也正是因为如此，这些措施很快就被一个更好的想法所取代，即人与人之间冲突的受害者不应该自行去伸张正义，而是应该由整个社会以委任法官的形式来接手处理问题。最初，这些法官是通过其杰出的个人能力、与神灵的亲密关系、年龄或智慧来获得他们的合法性。

"社会中的受害者并不直接对加害人伸张正义，而是交给第三个人，即法官"，这个简单的事实可能是能够发展出组织有序的社会、政府和法律最关键的先决条件。法官的历史要比"统治者"更为久远且更为重要。早期的法官一职与宗教密切相关，这并不奇怪——此外还能从哪里获得权威呢？社会只有先存在类似法官之职才能出现某种形式的政府，这不仅仅是一种权威，而且还可以转变成机构，在首领或统治者这些个体逝世后仍能留存下来并确立运作流程，这样权力就可以易手。欧洲的这个过程发生在近一千年前。

社会权威的巩固为法官的判决提供了合法性和效能。正义感是社会稳定与和平的最佳保证——向来众所周知的是，这相应也为繁荣提供了条件。政府经常想法控制法院以限制其独立性，这是很自然的。相对较自由的社会则或多或少成功地阻挠了这一点，法国思想家孟德斯鸠将其表述为立法权、行政权和司法权这三权分立。法官在社会中地位重要，实权庞大。所以从一开始起人们就在千方百计指点法官的决策以免出现武断的判决。在以共同宗教为基础建立起来的小而同质的社会中，这种保障来自"神圣的正义"（devine justice）这一观念，法官也要受其制约。然而，随着大型城市社会的涌现，社会中的人们背景各异，缺乏统一的宗教信仰，于是也就需要有其他保障。

基本上有两种保障方法。第一种方法是，法官受制于从前的判决，不能与之相抵触。这是普通法的基础，英美法律制度即由此而来。第二种方法则要更有创见，即提前制定强制性的规则来管理判决和正义。平等适用于每个人的法律尽人皆知，法官只是在个体纠纷中对法律进行解释和应用①。这是罗马法以及欧洲大陆法律制度的基础。当然，如今这两种方法都已不再是其原来的纯粹形式。英美法系赋予法官更宽泛的权力，允许他们深入了解每个案件的具体情况；然而，法官所遵循的原则（即过去发生的所有案件）范围极广，外行人难以涉猎。因为法官拥有更宽泛的权力，所以美国的法官是由选举产生的。大陆法系使公民有更好的机会去了解他或她要遵守的规则；然而，由于法律是通用的，所以其具体应用的结果往往会让人感到不公。例如，法律并不规定具体的惩罚内容，而只是划定一些限制；法律也经常容许从轻发落或宽大处理。而且司法独立于国家政权这一点在该制度中也更难措置。

我们已经看到，随着时间推移某些道德律令已经渗入法律领域，所以现在遵守它们是由国家政权来强制执行的。这主要适用于最重要的规范（禁止谋杀、盗窃、暴行），破坏它们会威胁到普遍的社会和平。然而，这并非事情的全部。显然，就连至关重要的道德规范也无法由国家的外部权力机构去有效执行。这方面最好的例子就是说谎。说谎肯定是一种威胁社会的事情，但要想证明一个人的说谎之罪却是极为困难。因此，现代法律只涉及某些特殊情况下的谎言（伪证、欺诈、诽谤等），因为在其他领域无法有效地执行这种禁令。在整个人类历史上，人们都在试图打击每种道德失检。然而，过往经历表明，只有以对个人自由不可容忍的侵犯为代价，通过建立近乎极权的条件

---

① 柏拉图认为，好的社会应由法律而非人类来统治。

才可能做得到。旨在建立法治和维护社会和平的国家镇压力量包括警察、法院和刑事司法制度。这些机构的力量在现今时代已是突飞猛进，一旦被滥用就会对公民构成严重威胁。这种滥用来自公民和国家双方。因此，除了三权分立和司法独立，现代社会仍需有效防范这类滥用。公民滥用权力最常见的形式是诬告。如果一名男子被指控犯有重大罪行（如谋杀），社会就易受到蛊惑而孤立他或以其他方式摧残他。他的仇敌也可以利用这一点，不直接伤害他，而是在他周围制造猜疑，于是国家就会出面干预并损毁他。为了避免出现这种情况，公民是受到保护的（这不仅仅是在理论上），因为有无罪推定原则。在被证明有罪前，被告须被视为是清白的。这一原则也许会大大削弱对罪犯的有效控告，但对保卫社会却是必不可少。若是废除它，就像在极权政体下那样，权力立即就会被广泛滥用。

然而，更危险的是国家自身滥用镇压力量。除了政治多元化和新闻自由，对这一点最重要的防御就是人权原则。这一原则是对国家控制公民的权力的最大限制之一，这也是非民主国家不愿承认这一原则的原因。古时候的观念是，公民拥有的一切（包括权利）都是首领或国家所给予的"特权"①，人们被要求绝对顺从首领或国家；与此相反，人权原则揭示出的关系则完全是另一种面貌。真正拥有权利的人主要是个体，个体可以为了国家的更大利益而放弃部分权利（如自卫权和伸张正义的权利），但也会紧握其他不能割舍的权利。只有在个别的法庭裁决下，个人权利才会被剥夺，而站在法庭前的个体则有申辩权。这些基本权利（不同的人权理论对其起源有着各种解释）不是由国家赋予个体的，而是个体自身的一部分，就连国家也不能削减这些

---

① 这个词的字面意思是法律之外。

权利。这些权利包括人身自由、言论自由、行动自由、集会自由、隐私保护、邮政保密等。

自主完善了这些权利的社会（这些社会的人们往往为此付出了巨大的代价），能够以应有的尊重去对待它。当今社会只是承袭这些权利而本身并未做出太多努力，而且这些权利对某些社会（例如之前的东欧社会）来说还是不期而至。正因如此，人权的真正含义往往被误解和低估。反对人权的最常见观点之一就是，人权对于仅仅生存而言不是必需的，而且如果一个人无法维持生计，人权对他也就没有什么帮助。一个人若是连吃的东西都没有，要自由又有何用？这无疑是一个严肃的反驳，尽管它已被极权主义的宣传手段所滥用；只有人民群众不挨饿的社会才能实现自由。所以，欧洲的人权法规包含一系列其他不同性质的社会权利。其中涉及人人有权参加工作（这不同于被指定工作）、获得合理工资、拥有空闲时间、看医生、接受教育。然而，出于政治原因考量，关于谁应该提供这些必需品这一问题（以及谁来支付这些费用）通常却都是避而不谈。天真的答案（国家应提供这一切）会使得国家拥有如此广泛的权力而不再是自由人的国家。例如，若国家负责为所有公民保障就业，就必须引入强制劳动，创造"工作岗位"，对所有经济活动严格地进行征税以至于最终必须封闭边境。社会权利对于保护自由社会的弱势群体而言自然是至关重要，但如果被视为是可以强制个体履行的主观权利，就会背道而驰。这些权利代表的是社会许下的承诺，以确保没有成员会缺乏这些基本需要。仅此而已。但是，真正的个人自由与其说是每个个体的"权利"，不如说是国家权力不会被滥用的保证。

所以，法律和正义是好社会的先决条件。圣奥古斯丁曾写道："没有正义的王国只是劫匪。"我们可以从语言中看到这两者之间更为

小哲学：
如何思考普通的事物

广泛的联系；例如，捷克语词汇 *právo* 有"法律"和"正确"这两层含义。*právo* 和 *s-prave-dlnost*（正义）这两个词则与原意是"笔直"的形容词 *pravý*（真实）有联系。古代的部落社会高度重视"右"（right）手能执行各种重要行动的作用；只有这样做，行为才是正确的（捷克语是 *s-právný*）。"正确"（right）是"错误"的相反之意即来源于此。动词 *praviti*（宣布）也有这一词根，其原意是解决争端和确立法律的司法判决。错误的要纠正（*na-pravit*），最后就有了解决疑虑和矛盾的第三个词 *pravda*（真理）。真理的正当性并不是来自于政治统治者的意志，而是其本身就"正确"（*pravý*）。

思考题

- 你小时候是否受过不公正待遇？如今你对此有何想法？
- 你认为考试（中考和高考）中的正义是如何的？
- 偷盗行为可以依法惩处，但这样做也可能是不公平的，你能想出这方面的一个例子吗？
- 检察官、被告和法官在审判中分别扮演什么角色？他们如何促成法律的执行？
- 法院大楼上代表正义的雕像蒙着眼睛，一手持天平，一手持宝剑，这有什么含义？
- 惩处的意义是什么？死刑算是惩处的一种吗？为什么？

26

文本与阐释

正如我们所见，言语是思考的工具，但首要的是，它是人与人之间交流的手段。我们通过言语进行相互交流，表达愿望、感受、印象，传达所想所知的东西。语言和言语形成了我们所属的最广泛的社群。被排除在该社群之外（"我不跟他讲话"）并不寻常，这会对人产生很大影响。普通的言语不是想要表露突破性的想法，而是为了创造人类互动的基础（"我们聊得很投机"）和表达喜爱或不满的机会（"我要跟他直说了！"）。言语可以是一种游戏（"你无法打败我！"）。言语可以用于建立并维持上下级关系（"你听到没有？"）、权威（"你怎敢这么跟我说话？"）、敬重、爱意。我们既可以用言语去要求和恳求，也可以用它去施压、劝说和恐吓。我们可以冲人"大发雷霆"，对人"开导一番"或者是与人"促膝长谈"。如果我们"一时语塞"（比如说在葬礼上），那么这表达的就是一种绝望之情。我们会感到［在这种场合下］缺少了点什么，尽管有时词语至少也能被音乐所取代。

对话（言语在你我之间来回流动）是言语的基本模式。对话总在当下（此时此地）并伴随着手势、面部表情和停顿。真正的对话在许多方面都与游戏①有相似之处,说话人轮流更替,回应对方的想法,多角度地扩展话题。对话者既不知道交谈会走向何方("我们转移了话题"),也不清楚交谈何时会结束。两位平等个体之间真诚坦率的对话是一件艰巨而困难的事情,因为这要求双方要乐意倾听且有理解能力,有时甚至还要接受他人的观点。这也是为什么对话容易变质。健谈者会霸占交谈,其他人则只是倾听。对话的主题可能会难以拓展而停步不前。或者相遇之人都只顾自己的兴趣和烦恼,所以虽然各自滔滔不绝,但因想法没有交汇,对话也就变成一段独白或一系列互不相干的独白。对话的根本限制在于其时间性:纳入其中的只有在场(或电话里)的人。这就是为什么对话需要不少急中生智和全神贯注,所以不够机灵和也许话题转移之后才能想出合适措辞的人就很吃亏。对话也是耗时的,公司老总不可能通过与每位员工进行单独对话来处理所有问题。所以特别是在大型社群里,我们也就不能没有演说、讲座、布道、独白,即由指定的一个人向众人传授他或她认为听众应该听的内容。独白结束后可能会有提问和讨论,以便稍微缓解一下独白的劣势;但在有些时候则没有办法或者不方便这么去做。有些演讲者也不欣赏这一点;例如,据说弗洛伊德在讲座一开始就会告诉听众,讲座结束后不会有讨论这一环节。

独白与交谈本质迥异,因为独白几乎没有时间限制。演说或讲座一般都是预先准备好的,随时都能重复,是单一个体的产物。这个人可以详加斟酌,搜寻所需材料,查阅参考书籍和文件,并可对演讲进行排练甚至预录。所以尽管讲座开展于当下,但却可能在数年前就已写好。这样一来也就逐步使言语远离了其原始环境(即交谈)。不过,

---

① 自从维特根斯坦以来,"语言游戏"已经成为语言学(语用学)和哲学的重要研究领域。

在"现场"举办的讲座中，演讲人仍能通过举手投足来加强效果；演讲人可以做到顾及观众的反应并给予相应的反馈，甚至临场发挥。这是录音讲座所无法做到的。讲座不用演讲人亲临也能"进行"，如果这是在广播或电视上播放，那它甚至都不会局限于某一地点，我们都可以各自在自己家中收听。

早在发明录音技术之前，人们就已发现言语可以书面记录下来。"保存好"的言语可以再生（即阅读），它会在数千年后提供一种截然不同的沟通可能性。书面语言依然存在，但有许多限制。首先，作品在作者已经不在的情况下继续延续着自身的生命，作者"交付"文本后对许多事情都没有进一步的意见，例如谁会偶遇他或她的文字、那些人阅读文字时的具体情境如何、不同的人会如何阐释文本①。作者无法在作品中加入举止神态，无权决定谁会去阅读，读者会采取何种态度，阅读时会是何种心情。它已然成为文本，过着自主的生活，除非它消失。然而，书面文本的作者也拥有数不胜数的可能性去推敲他给出的信息，反复确认他所说的真的就是他想要表达的内容。作者可以用标点符号、大小写、不同字体、图表和插图来代替举止和语调。诗歌的修饰语和诗体也在书面语和口语中有不同效果，有些诗歌形式（如离合诗）只有在书面形式中才会展现出其明显特征。

作品只是第一个阶段，文本的意图只有在阅读时才能实现。那么，这一"存留物"如何成为言语、实现意义呢？方式多样。其中一

---

① "写作和绘画都有一个骇人听闻的特性。绘画似乎洋溢着生气，但倘若你提问，它们就会保持沉默。书面阐述也是如此——你觉得它们背后有些含义，但是一旦向其提问，它们就总指向同一个地方。读者不论是洞若观火还是毫无头绪，它们就放置在那里；文本自己无法知道要或不要向谁诉说。作品如果没有被礼待，如果不公平地蒙污，总需要作者来解围，因为它无法保卫或帮助自己。"（柏拉图，《斐德罗篇》）

种极端的表现就是密函或情书，它们常比我们敢于面对面说的东西更加内容丰富。卡夫卡想向他的父亲真诚地表达自我，他不得不写信给对方。同时，这里也存在被他人盗用的巨大危险。这就是为什么邮政保密被列入最基本的人权之一（信件是我隐私的一部分）。另一种极端的文字则会侵扰和强加于每个人，如传单、标语和广告，它们不是面向某一个人，而是面向任何一个人。除了旨在引人注意的侵入性文本之外，还有其他鲜明传达权威的信息：象征性信息刻于纪念碑的基座，实用性信息则包含于裁定、传票和法律中。有些文本（从报刊文章到科学文献）用于传播消息，还有些文本则只为证实已经发生或提及的事物。从出生证明到死亡证明、身份证、护照、成绩单、文凭和各种文件，我们的现实生活逐步被另一种生活所掩盖，即文书的世界，这正是我们的全能官僚体系的基础。在办事处排队的人则试图在另一个世界，即办事处柜台的另一边，证实自己的存在。

　　这些都是文本，不细看往往看不出它们之间有什么差别。它们在各自的语境中履行着各自的职能，但却没有人会将它们混淆。然而，若是其原始世界消失，大部分附带文本也会随之消失。它们中只有少数会零星地存留于档案馆和阁楼某处或埋在地下的箱子里，在某个时候被人发现。不再行使其原始功能的这些文本成为历史学家的材料。历史学家现在可以着手对其进行破译、阅读和阐释的冒险之旅，这个过程被称为解释学。不同于作者亲临的现场演讲和流传于那些认识并知晓如何进行处理的人之间的活文本，这些材料可谓是纯文本、死文本。我们可以用它们来做些什么呢？能否让它们"复活"，再次跟我们说话？从中能解读出什么内容？破译过程最初戏剧性的部分会让人大吃一惊。例如，我们眼中的楔形文字看起来神秘莫测、近乎神圣。当第一批破译它们的专家发现大部分文本都是账单、报告和其他古代官僚机构"文书世界"的遗迹时,他们会是何种感受?克里特岛线性文字 B 的故事则要更为戏剧化。这种文字只有一小部分幸存下来,其中首批成功破译的文字里纳入了皇家厨房的餐具安排,包括"五个三足鼎,其中一个断了一条腿"。人们对文本的理解障碍不仅源于文本自身历史悠久,或者是使用了未知的语言或字母系统,而且有时还会源于文字直白——许多人最初都认为希特勒所著的《我的奋斗》纯是胡扯,因为根本无法想象书中所述是认真的。然而,这本书出版十年后,书中的内容就成了可怕的现实。

  解释学是一种阐释文本的艺术,它是古代为了理解法律和宗教文本而设立的。如今,它则是历史、哲学和整个人文学科研究的基础之一。在我们这个时代留下如此强烈印记的自然学科已经成功地证明了公正地审视现实是可以做到的——科学家不顾自身利益,只求准确地记录事实。历史学家有可能做到类似的事情吗?德国哲学家和阐释学名家伽达默尔认为可能与不可能并存。历史学家若想接近科学家的真正目标(即真理),就得先认识到文本不是赤裸裸的事实,而是加工过的需要阐释的言论。此外,就算是科学家(哲学家更不用说)也无法采用完全公正的方法去对待指定的文本——如果是这样,那么什么能使他们注意到该特定文本并选择它进行审视呢?其实,人们坦率地投身其中就是揭示文本意义的最佳方法。因为如果没有这种初步理解,也就无法推演文本的意义,初步理解的出发点是首先有习得。然而,人们在进一步理解文本时,对真理的追求致使我们会不断重新评价这种初步的理解和投入。任何理解向来都只是"初步的",需要批判和多方求证,也许还有纠正,人们应该时刻意识到这一点。因此,这段旅程始于纯粹个人(因此"主观")的原始兴趣,直到得出对文本的真正理解,不论我们发现彼此的思想立场隔得有多远。唯一不同的是，如果有现存的传统与文本相联系，那么这段理解的旅程，比起那些我们只有最普遍、"泛人类"的初步理解的文本，将会变得格外短暂和保险。

如果某个文本确实只是加工过的言论，要想理解它所必须做的就是去再生文本被创建时的语境，因为语境对文本的意义有重大影响。"每个人都会得到他该得到的"这一标语可能代表着一种合理的法律规定，但当它被写在集中营大门上方时，其意义也就截然不同。作者可以有意采用某些写作方式使文本的意义变得晦涩费解，如谜题、密码、寓言，让读者去思考。对于历史久远且意义重大的文本，前人的注解可能会有所帮助，因为写注解的人比我们更接近文本。但对那些高深莫测、支离破碎且神圣不可亵渎的文本，人们总是会设法获得不只是表面的理解，而且是更深远的意义。人们一直试图揭示其他的、寓言的、隐藏的含义，这些蕴意以某种方式与他们自身处境和生活中的问题相关。这样一来也就更难分辨，在多大程度上我们确实发现了文本的这些寓意，在多大程度上则是我们自己将寓意投射到了文本中。

思考题

- 解释一下对话、独白与文本的区别。
- 想一想要理解报刊文章所需要的一切知识。你能想出一些必须向祖父解释以使他也能理解的事物吗？如果是向外国人解释呢？如果是向火星人解释呢？
- 是什么分别构成了信件、说明书和科学著作的语境？
- 请看以下引述（出自《爱的徒劳》）："他从未饱餐过书中的珍馐；

他可以说是没吃过纸张,没喝过墨水。"莎士比亚在这里试图描述的是什么样的人?

- 对某个文本"摸不着头脑"是什么意思?文本"讲不通"又是什么意思?
- 我们为何会依赖各种证书、发票、合同、许可证和文件?在何种情况下我们可以没有它们?

27

城　市

我们几乎都住在城市里,这一点并非只有我们这个国家是这样;所有富裕或"发达"社会的特点之一就是,有近80%的人都生活在城市里。无论我们对城市的感情是憎恶、喜爱或是为城市感到羞耻,城市都代表了我们的自然环境,我们对此了如指掌并感到非常自在。然而,就在不久之前,情况却是迥然不同:一直到20世纪,我们的祖先大部分都还是乡下人。

城市是人造世界,是人们根据自己的梦想、构思,以及可能性创造出来的世界。城市生活让人摆脱了对自然的依赖;人们在下雨天可以保持干燥,在晚上可以打开电灯,在冬天可以保持温暖。如果城市筑有围墙,那么人们在天黑之后也就不必害怕。城市至少已有六千年至八千年的历史。起初它是紧跟在成功的农业之后建立起来的,它是社会繁荣和生产过剩的表现。人们仅能勉强糊口的地方从未建起过城市;每当社会的生活水平降到这种程度以下,城市很快就会消失。城市的职能是管理过剩:过剩的人口、过剩的货物、过剩的财富、过剩的时间;从纯粹维持生计的角度来看,城市的活动总是奢侈的:购物、文化、教育、产业、交通运输①，处处都要花费。但因城市生活更加丰富多彩、舒适自在，所以很多人都对城市心驰神往。你可以让城里人相信自由生活的最佳代表是牛仔，但西部片中却是从不展现如下情景：他要全年照顾母牛，下雨天一身污泥，天不亮就要起床挤奶，甚至无法梦想能有一个属于自己的假期。

但是，这也使城市生活变得更有依赖性，也更加脆弱。城市居民的一切生活所需都来自于其他地方。如果爆发战争，最先挨饿的就是城市居民。城市的存在是一种奢侈，它依赖于长期的政治稳定、和平、繁荣。随着城市生活里的技术变得越来越先进，城市也变得越来越脆弱；如今只需停电几个小时，城市就会陷入瘫痪。城市是一个错综复杂的有机体，其中的所有事物都是相互依存。城市的能耗极大，完全依赖于各种职能配置。

古代的城市是由过剩的产物建成的，故有必要进行防卫。城市的防卫主要寄托于倾心守卫该城的神灵和寺庙，寄托于强大的统治者，最后则是寄托于城墙。所有这一切都需要巨额投资和大量时间。首先，人们必须坚信未来会成功并愿意投资于不确定的未来。修建大教堂和城墙往往要耗费几十年的时间（操心的都是后人的利益）。为了确保这种投入会卓有成效并防止人们中途放弃，统治者必须有厉害的手段，而他自己也要足够幸运才能享有和平繁荣的时期。如果首次投入如期实现成果，就会有其他人搬入城内，城里的空间就会越来越稀缺。时间一长，老城就会变得拥挤不堪，街道狭窄。人口密度增加，

---

① "不允许智者的门生住在缺少任何以下事物的城市：医生、理发师、水疗、公共厕所、自来水、河流或小溪、犹太教堂、老师、誊写员、抄本、无偿司库、刑事法院。"——摩西·本·迈蒙－迈蒙尼德（Moshe ben Maimon-Maimonides）

越来越多的人都挤在小屋里，这会引起其他许多问题，如淡水供应、废物处理、火灾和疾病的爆发。

古罗马帝国的衰落与古城的绝迹息息相关：古罗马的人口只剩下不足原来的10%，而活下来的人也只是勉强维持生存。罗马广场本可在未来一千年给母牛提供牧场；然而，壮丽的废墟却提醒我们不要忘记遥远的过去。当中世纪的生活变得相对稳定并繁荣复兴后，城市再次像雨后春笋般成长起来。然而，这些城市与之前的相比却是性质相异并变得更为世俗。虽然罗曼语中的"城市"（*civitas*）来源于对城市居民的称呼（拉丁语 *civis* 的原意是"邻居"），但中世纪的城镇只是商业场所即举行集市的地方（从德语 *Stadt* 或 *Marktflecken* 的词源学角度来看是如此，但俄语 *górod* 和英语 town 都是强调城市的防护墙）。城市已经不再主要起到政治作用去负责提供治理、秩序和安全。它们是在一个有着不同形式的政治体系（封建土地制度）的环境下建立起来的。只有意大利的城市还保留着政治主权（有自己的军队和货币等）。

中世纪的城市代表着一种人们不受土地束缚的领土。用比较实际的话来说，他们的生计至少部分构成手工业和商业，而用法律的部分术语来说，他们因为免于农奴制所以能够自由行动，被许可拥有或多或少的自治。城镇以各种方式建立起来，如今通过街道格局仍然可见一斑。捷克最古老、最重要的城市自发地涌现于有利的场所，那里曾有古代的商业路线，贸易繁荣。等到一定时候，城市繁荣昌盛，就会建起教堂、市政厅和城墙。布拉格的古老小镇奥洛穆克和兹诺伊莫就是这样建立起来的。第二类城市是通过法令建立起来的城镇，法令通常都由领土的统治者颁布。你可以通过规则的设计分布和宽敞的中央广场窥见这一点。捷克的这类城市有皮尔森、布杰约维采、伊钦、上米托。最后一类城市是矿业城镇，即开采银矿的城镇。其中也有一些是仓促建造的，如库特纳霍拉，有关银矿床的风闻传遍其周边地区；有些城镇，如伊赫拉瓦和科林，则是由中世纪的开发者兴建的，他们制定好计划，邀请相邻的德国人民来到这些新创建的城镇居住。这些定居者会带来自己现成的政治体系和法律。

城镇在捷克的历史上发挥了重要作用。它们是当权国王与贵族展开斗争时的后援，并在易货贸易被货币贸易取代时变得越发重要。矿业城镇有助于国王保持对货币的垄断，这种垄断只有在16世纪亚希莫夫的冯施里克斯铸造约阿希姆斯塔尔币后才被打破。可以说是城镇（特别是殖民地城市）促成了波希米亚王国普舍美斯王朝早期的全面集权，城镇的权力主要体现在中世纪后期。随着贸易的兴起，16世纪涌现出了另一波城市扩张；接着，在"三十年战争"（1618—1648）造成满目疮痍之后，18世纪迎来了工业时代。

在整个欧洲，城市一直是民主的摇篮和社会实验的研究室。正是在这里，个性化和流动的新生活方式崭露头角，人们时刻都会被许多陌生人包围，并且必须学会保持一定距离，礼貌而灵活地行事。在这样的环境中，人有选择朋友的自由。农民整个工作周内都要在田地里孤军奋战，唯有周日才会有一些令人愉快的社交活动，而城市居民则盼望能够拥有私人的时间。农民依赖的是始终不变的邻居，城市居民依赖的则是他或她的客户和或多或少匿名的服务。经常搬家、可以迅速发财或破财的城镇居民的流动性，意味着城市的等级制度主要取决于个人的成功和能力。选举产生（人员经常变化）的市政委员会也反映了这一点。市政自治的另一个特点则是行会制度，后来还出现了将目标相同的人聚集在一起的各种协会。城镇衍生出了个性化和内化的宗教、民法、银行业、世俗的教育体制。只有在城市，才需要人人都能阅读和写字；只有在城市，教育才变得具有实用价值。城镇已经成为产业发展和现代交通运输体系兴起的自然基础。

如今我们在城市生活中认为理所当然的事情当时已在演变中，其中一些事实上是最近才发生的变化。中世纪城镇的街道是为行人而备，到处都可以骑驴子；四轮马车和运货马车直到16世纪才开始大量出现，之后是历史名城的现代交通拥堵问题。在巴黎，这些问题在19世纪中期以一种虽说相当野蛮但却也很高明的方式解决了，那就是奥斯曼男爵所设计的狭窄蜿蜒的街道与宽敞的直线大道相交的迷宫规划。但在罗马或那不勒斯，至今也没人敢去尝试这样大胆的事情，所以这些城市也就没有贯穿整座城市的中央大道。14世纪城市里首次引入了道路铺设，这项技术传播得非常缓慢；直到16世纪，饮用水仍然主要来自一个个水井。19世纪才有自来水供应入户、城市污水处理系统和街道照明系统。接近18世纪末出现了逐渐巩固的国家官僚体制下的经济公寓住宅，直到19世纪后期才引入公共交通系统。而像浴室、中央供暖、电梯和电话这类"现代化生活设备"则都是在20世纪才有的。

随着产业扩张，城市所扮演的角色也发生了翻天覆地的变化。农村的贫困人口搬入城市，成为工厂工人，他们发现这里的生活很是艰苦，但却依然要好过乡下。一个人就足够了，在城市里谋生的人无须整个家庭的帮助。乡下人搬入经济公寓时，往往会带着他们的乡俗习惯，19世纪的人们仍然会在公寓里一起聊天和唱歌，就像在乡村草地上那样。城市丧失了其军事重要性，城墙被拆除。工人阶级居住的规模巨大但却贫困丑陋的郊区出现了；在捷克的语境里，建立这些区域意味着捷克元素终于在数量上胜过了说德语的公民并最终取得了对城市的政治控制。人口剧增使得昂贵的公共建设项目成为必要，如自来水工程、污水处理、学校、医院、河流管理、新筑桥梁等。产业需要大量资源和货物的供应，而铁路系统则最适合完成这项任务。与其相应，这又使得民众的自由移动成为可能，很多人都可以自由出行或通勤。

20世纪的产业扩张，尤其是服务业的不断扩张，带动了城乡关系的转变。在19世纪，小镇的典型居民仍会拥有一些田地或牧场以贴补其工作所得的不确定收入；进入20世纪，来自四面八方的人都进城谋生。城墙的拆除意味着空间不再严格受限，树木茂密的郊区开始大量涌现，城镇生活与乡村生活愉快地连到了一起。然而，随着区域不断扩大，人口密度下降，这使得公共事业面临严峻挑战，从水电和煤气供应到公共交通，不断扩张的城市不能缺少这些设施。

这就是为什么在20世纪各地涌现出了大型的住宅区和通勤镇，其功能纯粹是提供住房而并没有太多基础设施和服务；大量的城市群逐渐形成，有时其方圆能达数十公里。与此同时，历史名城中心的人口则在减少，因为它们以只有银行和企业才能承受的虚高之价来提供有限的舒适享受。欠发达国家形形色色大都市的发展则要更为迅速而惊人，数百万人都想在城市文明的边缘竭力维持生计。

他们住在棚屋里，在垃圾堆中寻找食物，但这还是比在乡下挨饿要略胜一筹。因此，在埃及的八千万人口中，有五分之一现今住在开罗，其中大部分人的境况都是糟透了。现代化的城市里都有临时房屋，它们是大多数移民的目的地，而这还要算是情况稍微好一些的。然后，这些集聚之处就会成为各类犯罪活动和许多极端主义分子的滋生之地，要不是存在一些个人慈善行为，这些人的生活前景很难有所改善。

因而，城市面临着巨大的问题，越来越多的人都感到此非发展正道。但是，发展之路又该怎么走呢？大概就是要结合城乡优势，建设宽敞的郊区，扩大通勤者居住带。城市舒适度、公用事业、公共交通、医疗服务、学校、高楼林立区域的治安维护，供应所有这些需求所要付出的代价（金钱和资源），甚至比在密集的内城区还要大。也许根本问题并不在于"城市"自身，而是在于我们对舒适和安全的需求，大多数人都认为这是理所应当的。但是，有谁知道，将来又会有多少舒适感和安全感可以长期留存呢？

思考题

- 建立城市的条件有哪些？在什么情况下人们在城市里能够谋生？
- 城市生活在哪些方面是舒适自在、多姿多彩的？
- 观察一下你所了解的某个城市的地图。解释这一地图并找到其中的各种功能。
- 我们可以把什么作为城市的定位？
- 随着汽车工业的兴起，对城市交通的需求如何变化？
- 你会如何设想一个理想的城市？你会如何安排住房、购物和交通工具？

28

历　史

　　对小孩子来说，总是有事情在发生，而且是此时此地就在发生。现在正在发生的事情完全吸引了小孩子的注意力，他或她会忘记一小时前所发生的事情。长大后，我们的经验领域不断拓宽，到了某时我们就必须将自身经历串联成某种语境，例如以简历的形式。一直以来，我们都在不断听到然后读到发生在他人身上的事情，认识到这个世界并不是从我们出生才开始的。集体记忆即对过去所发生一切的记事，由此被创造出来。出于很多原因考虑，这对我们人类是很有价值的。首先，这里储备着美丽的故事、思维的食粮，可能还有启示的源泉，尽管明知"我们唯一从历史中学到的就是什么也没学到"（黑格尔）。

　　集体记忆的真实叙述是由家庭、部落、社群这些具体语境来维系的。它们所构成的故事有一个共同的特点，即这是"我们的"故事。否则，这就会解体为故事的集合，或者说它们永远也不会形成一个整体。这样的记忆总是不完整的。它们只包含了能让听众足够感动而主动记住的东西。正如我们所知，人类的记忆并不包含原始形式的经历；记忆总是会被标记、表达和阐释。因此，只有伟大的诗人或说书人"美丽动人"而引人注意的叙述，才能"成功"地形成集体记忆。诗人、叙述者和听众关注的焦点不在于"历史";他们并不旨在展示现代历史学家认为最有趣的各种细节。例如,荷马和李维笔下的这类叙述虽然不是现代意义上的"历史"(historical),但却是当代历史写作的先驱。古希腊语 historia 恰为此意:知识或叙述。

尽管古代说书人记忆力惊人(他们能够背下整部荷马史诗),但是口头叙述仍然受到内容的限制。随着时间的流逝和以农业为基础的稳定王国的兴起,又产生了口头叙述无法完全满足的"社会需求"。王国的基本目标都是要稳定持久,为人民提供长期和平繁荣的前景,让他们相信王国将会长存。此时,极有说服力的论点可能是有能力表明王国已经建立了许久。事实上这一点是如此令人信服,以至于今天的许多企业或银行都喜欢吹嘘自己"成立于 1757 年"等。这两种需求造就了写作这种革命性的发明,这是一种不会消逝的语言形式。

口头叙述是在相关事件发生后许久才形成的,它所面向的主要不是未来而是当下的听众;与此不同,写作则能以编年史的形式呈现出崭新的历史传承。编年史家不会想尽办法去创作一些生动的故事,如吉尔伽美什、摩西、尤利西斯;他们的任务是为后代记录发生之事。诗人可能会在生前就出名,编年史家则只有在去世后才会得到认可。从文学的角度来看,编年史是一种更为原始的形式,但作为历史来源它却格外有价值。一般来说,编年史的叙述者是亲眼见到事件之人,是接近并理解这些事件的同时代者。这一点极具优势。但是,编年史家并不会记录"所有发生之事"(这不可能做到),记录的只有最重要之事,而这则基于他自己的理解并且乐意将它们传给子孙后代。因此,编年史家会从更积极的角度去描绘其所赞赏而非抵触之事,遗漏或搪塞那些不符合其事件观的内容。鲜有编年史家会纳入光荣英雄的错误和罪恶。例外的有犹太圣经的几位作者(如《撒母耳记》)和古希腊历史学家修昔底德。

因而，编年史记录的就是编者视野内亲身经历的以先后顺序排列的重大事件。不同于用故事的逻辑、情节和结局串联起来的叙述手法，编年史的叙述由时间的推移来维系。因此，我们自然也就需要以某种方式标记并记录时间的流动，即需要划分时代。古代帝国的时间线通常都是始于统治者的即位，因为编年史的首要目的就是永久地维持荣耀。而古希腊则把计年与政治局势分开而基于奥运会的举办。罗马人对此进一步加以简化，把罗马之城的建立作为起点，因为建城之年代表文明世界的开端。在此之前都是野蛮与混沌，未发生值得注意之事。

接近并完全依赖于大自然的人认为，他们的生活取决于两大力量：季节变化和命运。命运迂回曲折，不可预测；而季节，即播种和收获的时期，则总是周而复始，如期而至。我们幸存的一年是成功的一年，最大的希望是来年也会如此。所期望的最好结果则是保持现状。或者说，因为事情总在变化，所以至少期望下个春天也能同上个春天一样。正如天体永远沿着同样的轨道运行，人们希望社会、城市和帝国也能沿着同样的路线前进。正如大自然每年万象更新，社会也应摆脱过去一年的污垢，在新年伊始弃旧图新。这是许多古代典礼和仪式的目的，而神话叙事则是我们年复一年寻求回归的样板；最后，这也是编年史家记录统治者成功对抗命运的目的所在。

然而，世界确实也在改变，特别是危机时期的变化更是了然于目。人类一旦能够去观察比一个人的生命更长的时期，也就无法不认识到变化是不可逆转的、试图永远回归某种开端则是徒劳的。这种认识最初会引发深切的怀疑：世界一直在改变，这只能意味着它不断在衰落，这种衰落年复一年不断加深。永恒的"黄金时代"已不复存在，我们走得越远,"黄金时代"所遗留的东西就越少。之后便是"白银时代",再然后是"青铜时代",只有"铁器时代"仍旧留存。每个人都在以自己的方式回应这种体验,例如巴门尼德和赫拉克利特。柏拉图的《法律篇》见证了这类怀疑(老人的怀疑)和想要至少减缓衰落的绝望努力。我们最强大的武器就是理性,运用理性的哲学家必须找到方法去挽救可以挽救的东西,减缓持续的衰落和败坏。

  那么,实际上发生了什么呢?城市居民不再生活于大自然中或其周围,所以他或她看到的是人造世界的变化,而不是大自然的永恒循环。时间不再是同一事物的永恒回归,不再是相同的季节交替,督促人们参与其中并受到引导。自然周期的重要性,特别是一年的循环周期,逐渐显得无足轻重,被人类社会的变化所湮没。我们可以看到,很早以前攀上古希腊批判史学巅峰的修昔底德就居住在城市,所以与人类的密谋、偏心和矛盾相比,大自然的影响并不大。若真有什么在循环重演,那就是轻率放肆的行为:"放肆——傲慢——没落",但这根本不是定期的,更不能代表永恒。四百年后,奥古斯都皇帝比柏拉图更加敏锐地把握到了这一变化,并试图通过更加细微的手段,即出色的宣传运动来进行应对。在皇帝的鼓动下,拉丁诗歌最珍贵的宝物,奥维德的《变形记》和《岁时记》应运而生。它们致力于重振对传统神话和年度庆典的兴趣、大自然的神圣形象、时间周期循环的基本原则。但是,城市里的人们已经生活在另一个时代,一个一直有事情发生的时代。

  其他城市文明也能感受到这种时间感的变化,但其中只有一个能透过望远镜的另一端看到它,那就是晚期犹太教。几个世纪以来,犹太人一直都在期盼着一件大事的到来,即不是通过军事力量,而是通过未来某时神的干预获得救赎和胜利。古希腊人眼中代表真正和永恒的现实季节更迭不过是一种表象，通过它我们可以感受到梦寐以求的时刻的到来。因此，时间流逝不再被视为是在远离早期的"黄金时代"；相反，伟大的日子即将到来。如果说有什么原因让人绝望，那便是恒常的征服和贫乏的重复岁月，而变化实则是希望的根源，因为变化证明了那个时刻即将到来。正如启示文学所示，变化越大就越会让人热切期望，这种文学的目的就是要提前算出救赎日是哪一天。

对救世主出现在这个关键时刻的盼望为基督教创造了条件。基督教始于两国文化（犹太文化和希腊文化）的边界，但其中心马上就转移到了帝国和世界的中心：罗马。也正是在这里，关于历史的最早观念开始形成；这个想法在两个方面都是全新的。首先，对编年史家来说，历史是统治者也许再加上其周围局势的历史。而基督教则认为历史涉及全世界和全人类。其次，伟大的历史联结成戏剧故事：上帝与人打交道，人类从被创造到堕落，与以色列的立约，耶稣的救赎，教会的建立，对光荣结局的期望，耶稣再临，最后的审判和救赎。"黄金时代""白银时代""黑铁时代"和无尽衰退的绝望寓言，被更有戏剧性和希望的"救赎的历史"这样一种形象所取代。无尽的堕落始于开端，它不是命运而是人类自己造成的，因为人类违抗和扰乱了神创的秩序。随之而来的都是一些补救措施，它们以基督的死亡和复活告终，此后只剩下等待这种救赎在最后的审判中公开显现。

只有在基督教的体系内，历史才呈现出我们今天所理解的样貌：在统一而连续的叙事中，重大事件逐渐展开。然而，这种叙述的特点和形式仍是一个能够引发无穷辩论的主题。从圣奥古斯丁到博须埃①和牛顿，对基督教思想家来说不可否认的是，对救赎历史的叙述在时

---

① 博须埃（Bossuet, 1627—1704），法国神学家，路易十四的官廷布道师。

间上是有限的，所有作者都认可希伯来圣经的大事年表，认可世界大约存在了五千年。这个世界故事的内容是神帮助堕落的人类一步步回归神。然而，这是希伯来历史观的特征，即故事有已知的发展，结局开放而未知。希伯来和基督教的信仰都在于相信会有一个辉煌的结局。但是，大多数人并未轻易满足于开放式结局。人们无法长期忍受这一点。他们需要不仅能相信而且能设想情况的变化且亲眼见到结局。出于这种迫切需求，启示论诞生于晚期犹太教，也就是说文学试图揭开未来的奥秘。所以原先圣经里神的应许全都避免了所有具体明确的形象，但却随着时间推移而变得更加清晰，获得了形状和轮廓。而且它们越丰富详细越好，最好是再配上日期。

一种经久不衰的观点是，在历史的最终结局出现之前，先到来的是和平与正义的"千年统治"，这既是又不是历史的一部分。两千年来，基督教和整个西方文明一直在努力应对这种倾向。正义的终极救赎和世界的最后审判即将在未来数年内到来这种想法，在整个欧洲的文化历史中不断重现，每次出现都会释放出巨大的人类能量。因为期望着世界末日会在公元1000年之前到来，西方教会和国家进行了深远的改革。因为耶路撒冷在异教徒手中而无法实现千年王国，这一观点煽动了十字军东征。但丁创作《神曲》时也在思考着将要到来的世界末日。在捷克，查理四世国王（1378年逝世）政策的指导理念是为千年王国的到来奠定基础，同时这一想法也激发了胡斯宗教改革：他在1420年创立塔博尔镇作为信徒的聚集地，为的是让他们遵守圣经中的教诲，在世界末日即将到来之际"上山"。

这些运动被称为"千禧年主义"，而它们的结局则总是令人失望。其失败大大推动了精神氛围的显著变化，从中世纪过渡到了现代。但"千禧年主义"也一直留存于现代，尽管形式不同且常会以某种形式加以伪装。它们往往始于那种排斥或根本不熟悉希伯来和基督教理想的环境,进而逐渐被迫接受"浩瀚的历史"这一观点。自 18 世纪以来,科学一直都在关注创世问题;从那时起,对宇宙年龄的估算与日俱增,当前的估算是约 140 亿年。对于这段时期内发生过和正在发生什么事情,现代科学也积累了渊博的知识。如今我们已经知道,大自然的外观传统上被认为是固定甚至永恒的,其实是在几百万年前才形成当下的模样,之前还有许多其他的形式或者说"时代"。因此,历史叙事的内容变得丰富多彩且包罗万象,从而也为如何理解其方向和意义提供了新的途径。

历史是一种有着开放性结局的叙事,但它也有清晰明确的内容、"纲领"或至少是方向,这种观点是 18 世纪启蒙运动的基础。这种观点对人类的理性和日臻完善的知识有无穷的信仰,它引导人类更好地处理事物,抵制过去的"黑暗时代"。摆脱迷信且纯粹基于理性(理性对所有人来说都是共通的,对每个人来说都是一样的)的新社会,必然能促成人类境况的持续改善,消灭争吵之由,为无止境的进步开路。启蒙运动虽然不曾完全渗入实际生活(它只是受教育阶层的独占物),但却还是支撑了欧洲人民整整两个世纪,这期间的变化天翻地覆,这期间的成功确凿无疑。尽管如此,启蒙运动也未能抵挡住"千禧年主义"——启蒙运动的思想家们曾设想过纯乌托邦式的工程,著名的法国《百科全书》则表达出一种信念,那就是时机已经成熟,是时候完整地总结人类的全部知识了,因为世俗知识的进展已经极为接近尾声。

首个明确而系统地替代基督教救赎历史的叙述是由德国哲学家黑格尔在二百年前发展起来的。他的历史观融合了基督教的主要特征,但故事却并非发生于可见世界,而是发生在精神领域,我们所处的这个世界则是这一领域的具象表征①。然而,就连黑格尔自己也无法容忍开放式结局的历史从而也就没能抵挡住"千禧年主义"的诱惑——历史的结束和精神的完美表达即将到来,它们将会在现代民主国家普鲁士王国身上体现出来。黑格尔也许因为开放式结局的观念而在其历史哲学的具体形式上进行了妥协,但他把事件逐渐展开的历史看作整体叙事这一思想却是变得根深蒂固。这随后也激励了自然科学家将其延伸到人类出现之前的大自然(拉马克、达尔文),甚至是地球上的生命产生之前的大自然(莱尔)。就这样,尽管多数自然科学家和历史学家都强烈反对,但是历史框架的扩展却是首先源自考古学和被包括黑格尔在内所有现代思想家明确排除出历史框架外的一件事——"大自然"。

  启蒙运动和黑格尔历史观的时代也是技术迅猛发展的时代,所以它自然也就增加了主宰人民的权力和国家可支配的物质手段。因此,这一时期"千禧年主义"的放肆行径也比以往任何时候都要更加严重和可怕。20世纪初,人们对启蒙运动和进步的信念产生动摇,突然变得显而易见的是,进步和理性不仅会使人类团结起来,还会招致冲突和提供新的施暴方式。与后来升级为第一次世界大战的新冲突相勾连而涌现的"新千禧年主义"运动,承诺通过技术手段解决人类问题并在可预见的未来结束历史。所以这些运动都在强调"新秩序"或"新人类",它们质疑个人自由的重要性并将其限制在私人领域。德国输掉战争受到打击,人们对新经济形势产生幻灭,在这一背景下纳粹主义陡然问世,不得不很早就露出其真面目。纳粹主义重点泄愤于犹太

---

① "只有整体是真实的。然而,整体只在发展中完善。可以绝对地说,本质上只有发展的结果才是整体。"——黑格尔

人并非巧合——尽管早已世俗化，但纳粹却感受到了犹太人呈现出开放式结局的叙事历史观。俄罗斯的共产主义更有知识素养，因此它维持的时间也要更为长久。它赢得了全世界许多知识分子的支持，它在一段时间内与纳粹主义的斗争更是帮助它掩饰了其本性，即滥用"千禧年主义"①。但同之前所有其他形式的"千禧年主义"一样，俄罗斯的共产主义最后也是因为无法实现承诺而以失败告终。

如今我们生活在各种失败的"千禧年主义"运动的阴影之下，这也就难怪我们会对叙事历史观产生怀疑。英国哲学家卡尔·波普尔（Karl Popper）在猛烈抨击柏拉图和黑格尔时表达了这种怀疑，他认为他们两个人是历史决定论的代表，因此也是他们造成了20世纪的最大不幸。战争结束后会有这种反应情有可原，但我们却不能长期这样进行辩解。毕竟，现代人无法回避历史问题。某些专业历史学家的立场是，"历史"只是一种构造并欣然将其缩减为精确重组的故事集锦、某种改进后的编年史，我们不能接受这种观点。希伯来人和基督教对世界的历史性的信仰已被启蒙运动所融合，后者认为终有一天我们会见证这一切。即使现在我们也难以反驳这一观点。我们也许会从不同角度去看待历史变迁，但它也确实就发生在我们周围。我们必须争取更好地抵抗意识形态对历史的滥用。

在我看来，我们首先要坚持历史叙事的"开放式结局"，也就是说，我们看到世界和我们自身的明显变化是有一定方向的，而不全是个体的布朗运动，但我们却无权宣布自己了解这种运动的"去向"和结局。无论我们是否喜欢历史变迁的迹象（这些变迁如今比以往要更加迅猛而显著），我们都应密切关注它们，当然也要对它们进行评估。

---

① 这就是对抗开放式结局叙事的千钧重负，而我们作为自由负责的个体理应承担该责任。

正如启蒙运动所目睹的，历史显然不是沿着自动进入一个更加美好的未来这一直线轨迹在前进。通信技术的惊人发展，不同文化的融合与混杂，当地特色和传统的消失，有着相同时尚、音乐和幸福观的全球生活方式的出现，所有这一切都同时存在。不过，并不是什么超人力量的表现，而是对人类思想和行为的挑战，才有助于我们去面对新的可能性并防止出现误用。

思考题

- 你可否担当过"历史见证人"的角色，目睹了世界上发生的某种不可逆转的变化？那是什么时候？
- 解释一下故事、编年史与历史之间的区别。
- 纳粹主义和共产主义如果不是回应了某些深层次的人类愿望和焦虑就不会有如此广泛的影响。这些愿望和焦虑的内容是什么？
- 历史学家不再局限于书面文件时，其观点有何变化？整个学科有何变化？
- 地质演变、生物进化与人类社会的历史有何不同？
- 如果我们否认这种不同，这会意味着什么？
- 你认为当今世界的哪些变化趋势是重要而长期的？为什么？这些变化是否在朝着特定方向前进？

29

历史上发生了什么？

本书一开篇我们就曾看到，人们对遇到的一切都想要寻求理解和意义，星座的概念和旧地图中欧洲形状的概念就是这么发展而来的。同样，人们一意识到历史也就开始寻找其某种整体意义，或者至少是某种方向。对希伯来先知来说，历史的意义就是即将到来的救赎和神的最终干预；对基督徒来说，历史的意义就是审判日的到来和对正义与非正义的区分，而启蒙运动则满足于理性日益增长进而最终战胜愚昧和迷信的整体倾向。但是，黑格尔以及随后的马克思主义者想看到的最终目标却是精神领域，或者说是一个无阶级社会，再也没有人剥削人的制度。历史学家仔细考察历史的无限复杂性，对他们而言以上都是严重的简化，真正的历史绝非如此简单。当马克思主义的"历史必然性"概念被滥用为政治论争的手段后，现在有充分理由质疑宏大历史观的已不仅仅是专业历史学家[①]。

但我们也知道，人要认识当下的情况就必须了解过去，因为过去

[①] 法国哲学家利奥塔通过创造"元叙事"一词表达了这种疑虑，该词意为任何通过叙述来给历史赋予全球意义的尝试。

是我们语言、文化、城市和机构的源头。某种形式的历史意识是通识教育的必要部分，而不只是一些风趣言谈的便利话题。我们如果承认历史只是一堆生活故事和事件，以令人费解的方式永远在我们眼前涌动，那就只能放弃我们文化传统的这一部分。但因为这是做不到的，所以历史老师必须不断触及马克思主义所划分的"社会形态"，从原始社会到奴隶社会、封建社会、资本主义社会和共产主义社会，但这只是在向学生传授一些历史概述，而实则并非每个人都能成为专业的历史学家。于是哲学也就面临一个棘手的问题，即要批判和扩展或修改这种方案，以便它能为我们外行人提供某种粗糙的框架，将各种历史事件纳入其中。下面我们就来这样做一下看看。

　　马克思主义对人类历史演变的划分是在一百五十多年前，故其时代局限性毋庸置疑。马克思主义把"历史"视为两个对立阶级之间的斗争，它把重点放在欧洲文明的政治历史上，并把物质生产视为历史的根本动力。其他的一切则被视为衍生的"上层建筑"，只是权力演变和生产组织的次要副产品。如今我们则视人类历史不仅为"史前史"和考古学的某种延伸，也是大自然和宇宙演化的某种延伸，这样看也是再自然不过了。随着语言和文化的演化，人类社会可能已经脱离了生物进化，但某些基本特征还是传承于灵长类动物和其他社会群居的哺乳动物。欧洲文明也许已经传播到了全球，但同时也受到其他文明的重大影响，如中东文明，说到中东文明就不能不提"亚细亚生产方式"。用于发现和维持生计的技术和方法无疑在每个社会中都起到了重要作用，但"生产"在19世纪发挥的作用则最为巨大。宗教和文化也与特定国家的物质文化有联系，它们不仅是物质文化的反映，而且也至关重要地塑造了物质文化的形态。人类历史博大精深，不能像理论力学那样归结为单一原因。

人类进化的更大框架起初是由社会学家（斯宾塞、韦伯、涂尔干等人）引入，后来又吸收了许多受到马克思主义影响但在意识形态上并不排他的历史学家的观点。20世纪中期，澳大利亚历史学家戈登·柴尔德出版了题为《历史上发生了什么》的小册子，简要地总结了历史的基本划分，其划分依据是"生活方式"的不同即谋生的方法和随之而来的社会结构的不同。如今，我们应该从文化人类学和语言学的角度，通过对灵长类动物的民族学和对文字出现前那些社会的民族学的了解，来延展柴尔德的出发点。我们通过哲学知道，世间的人生并非等同于获得食物，而是还包括对世界的一些象征性的理解（特别是在语言中），对未来焦虑的理解，对道德和行为举止的理解，对价值观和希望的理解，这些存在于每一个社会并支配着每一个社会。因此我们也必须关心每个特定社会视为至关重要的东西、试图回避的东西、受其支配的东西，每个社会理解自身和世界的方式，以及这个社会最珍视的东西。

或许我们会谈论"存在"或"栖身"的方式，而非"生活方式"，要不是这些术语与纯粹基于内部体验的分析密切相关的话。对我们来说必然重要的一点就是，所有的基本生活方式都在我们的行为中留下了鲜明的痕迹——所以一到周末，许多城市居民就会来到他们的小块园地或度假小屋，成为满腔热忱的采蘑菇者、猎人、渔民或农民。在大型现代社会中，不同的生活方式可以交替和并存，但每个社会中都会有某种普遍而特有的生活方式。而这则总是形成于一定的历史环境中，以当地的条件和先前的文化发展为基础。很多生活方式都无法追溯到精确的历史时期。例如，农业最早诞生于约一万年前的小亚细亚，在现代富裕国家里则是少数人的生活方式，而在非洲，如果说有农业的话，那也只是通过殖民化才传播到这个大陆的大部分地区。然而，人们还是或多或少有可能采用不同的生活方式。

不同的生活方式不仅代表了令人好奇的遥远过去，而且这些生活方式的痕迹（类似于生物进化的痕迹）还可以在现代社会甚或是在我们自身中找到。比如，微笑这个动作将我们与灵长类动物联系在一起。直立身形的价值，或者我们鞠躬或屈膝时放弃直立的部分价值，都来源于早期的人类，这是他们区别于其他动物的特征。公共膳食的重要性或欧洲人对马和狗的依恋，也有类似的根源。我们中的许多人至少每周一次会成为热忱的农民，这时我们与土地和财产的关系就类似于新石器时代的人类。仇外心理的爆发使人联想到同质部落社会和对城市社会的抵制。爱人的逝世让人更接近吉尔伽美什或圣奥古斯丁。夜空之景则让人更贴近泰勒斯或开普勒。我们的语言是对早已不存在的生活条件和背景的追忆之源。我们可以继续举出更多例子——在这些实例中我们每个人都带有一种"人类的记忆"，甚至经常都未意识到这一点。但有了这种记忆，人就能理解历史，因为那是我们的历史。

人在成为人类之前本质上是一种生活在固定群体中的动物，个体的生存依赖于群体。这一物种的特征是会照顾幼小、直立行走、有一定的普遍性或者说是缺少专业分工。人能够适应各种生活条件，找到新的群居方式——他不直接食用寻得的食物，而是会把食物带回集体营地，由成功的猎人进行分发。人类的性体验要更为强烈，这是形成持久纽带的基础。群体内的家庭关系错综复杂并被赋予多种含义。人类会形成有约束力的行为模式，首先是仪式和规矩。固定的关系、对未来的关心、密切的沟通，既促成了语言这个符号世界的发展，也促进了思维和工具的发展。很早的时候，特别是出于对待死者的态度使然，人类的宗教就开始兴起，尤其是面对大自然展现出的引人注目而异乎寻常的力量。随着人们日复一日地生活，忧虑主要集中在了当下。人们很快就在符号表达方面掌握了惊人的技巧，特别是在描绘动物上。史前洞穴岩画不仅是原始的魔法，而且也是为了捕捉稍纵即逝的瞬间（舞者或没有捕猎到的动物的图样等）。人类狩猎野兽和采集野果的生活方式使其能够生活在不适宜居住的北方，但却形成不了巨大的人口密度，也无法永久定居——狩猎采集者群体要想找到足够的食物，每个人必须拥有数平方公里的地方。

  耕作和驯养动物的出现彻底改变了人类的生活方式。这发生在新石器时代早期（石器时代晚期），可能是出于恶劣条件和首次人口过剩的压力使然；这是人类历史上第一次伟大的革命。也许农民不得不比狩猎采集者更加努力地劳作，但他却有更加可靠的谋生之道，更少受到天气好坏的摆布。群体永久定居后就能建造出更多结实耐久的住处，它们由有能力自给自足的家庭组成。人的忧患时期开始显著拉长，由于播种和收获间隔数月，所得的收成必须要能维持整年的生活。物资的积蓄和存储变得越来越意义重大，随之而来的也就是囤积财产的可能性，保护财产的必要性，以及遗产问题。农民的愿望是风调雨顺，好为他的家庭和整个群体的未来提供保障。这体现在他的宗教取向上，重点则放在已故的祖先和家庭永续这两个方面。就在一百年前，欧洲大多数人口都还是以农业谋生；直到进入20世纪后，农业才开始逐步衰落。

  长期和平与繁荣的结果便是物资和盈余的积累，这为易货、贸易和原始分工创造了条件。于是对工具的需求也就增加了，特别是金属工具，这不是每个人都能自行制作的。民殷国富的地区有合适的条件去建立大型定居点，至少部分居民能以手工艺、易货、贸易的方式谋生。这些定居点后来成为更大区域的中心，于是也就需要建设道路网络。这些区域积累了大量财富后吸引了许多漂泊者和袭击者，因此必须有防卫措施。人口更集中后通信也变得更为重要,冲突矛盾亦随之增多,于是又需要建立司法制度。在这些更大的社群内,人们必须付出更多努力以确保安全,由此产生出集中和稳固权力的需求。对保持稳定持久的局势并使其持久存在的渴求再次反映在宗教上——宗教信仰如今聚焦于太阳和天堂,视其为稳定的典范。

然而,城市格局的内部稳定则取决于追随同种宗教信仰的全体人口——非我族类是不能被容忍的。整个组织划分出等级,每个人都有他或她与生俱来、独一无二、不可移易的位置。他们不属于也不能生活于别处。这也加强了稳定性。功成名就的城市成为大型区域的中心以集中权力和财富。有些城市更是成长为帝国的中心。关于这种生活方式的最早书面记录是《吉尔伽美什史诗》,但直到不久前,同质城市社会都是这样生活的。

古代神话认为人类开始航海之时就是"黄金时代"的结束。海运是首例快速有效的长途运输方式,起初它只是代表了贸易的进步;但不久之后,这就成为一种移民手段,即人们可以永久性地重新定居。早在公元前的几个世纪,地中海区域就涌现出大规模和富裕的城市,城市里的大部分居住人口都并非出生于本地。他们在这些城市里没有根源,祖先也并不埋在那里。传统贵族没落了,统治者的世袭合法性也随之衰败。第一个开放社会被建立起来,在这个社会中,人们讲着不同的语言,崇拜不同的神灵(或不崇拜神灵),接受议会或暴君的统治,人们能够环游并活动于整个文明世界并不稀奇。人不再有与生俱来的地位,如果想实现什么目标,就必须和他人竞争,独立自主地攀上世界的高峰。掌权者不再具有传统的合法性,他/她必须征得公民的同意。因此,这些城市社会首先出现了民主的特征。开放城市社会的营生手段是手工艺和贸易,逐渐淡出公共生活的宗教也不再是无可争辩的传统。这就是为什么在这类城市（雅典、亚历山大、以弗所、罗马），普救和个人的宗教（特别是基督教）会引领潮流。

　　生活方式上的另一个重大变化源自中世纪城市基督教和它所强调的个体责任、个性，以及（不同于古代城市社会）对工作、农牧业、提供生计的普遍活动的复兴。改革与现代思想进一步发展了专业分工、生产制造、银行业，为科学与生产的技术融合奠定了基础。最后，19世纪初爆发了工业革命，这意味着传统机构组织的瓦解，全面的生活个性化，工业生产和易货比农民的自给性生产得到更进一步的发展，人们大规模移民以寻求生计，并产生了一种相当务实功利的世界观："真理就是有效的东西"（实用主义哲学家威廉·詹姆斯之语）。社会的目标明摆着就是最大多数人的最大幸福，这些人都被视为个体。其结果就是，个人自由的进步，家庭和人际纽带的衰落，以及生活的经济层面压制所有其他方面——繁荣和获利成为社会及其中各个原子（人类个体）的决定性价值。广义上的市场成为维护和实施这些价值的手段。

　　20世纪的变革是如此深远而迅猛，以至于我们可以自信地谈及一种新的生活方式。我们因为距离它太近而无法给出中肯的描述，所以这里我们只简单提及其中最显眼的方面。富国的主要谋生手段不再是工业生产，而是"第三产业"（银行业、通信业、服务业）。"员工"的数量多于"工人"。交通、旅游和通信的重要性剧增。这种生活方式传播到国界之外，抹去了传统文化之间的差异。一两百年前，几乎所有城市居民都会通过农业来贴补家用，而现在则有数百万农民涌入城市谋生。技术进步提高了人类生活的能源需求，人类明显已经自在地生活在人造世界中，切断了与大自然的联系——除了食物供应（尽管这也是工业和零售业"介入"后的产物）。日夜交替，季节变换，所有

小哲学：
如何思考普通的事物

这些因素对我们生活的影响变得越来越小。大多数城市居民根本都没有注意到这一点，这并不奇怪。全世界变成一个巨大的金融、商品、货物和观念市场，迫使最守旧的政府也能意识到：国界不再起作用，世界正在一体化。毕竟，他们所面临的问题，如经济依赖、能源、气候、饥荒、移民、恐怖主义，确实是全球性的。这是进步？还是灾难？无论如何，如果西方文明没落了，也就无法像从前一样再设想另一种文明的接替和传承，因为其他文明已不复存在。

思考题

- 试着简要描述我们社会中的主要"生活方式"。你能否找出其中的任何趋势？
- 你是否遇到过另一种生活方式？试着将其与自己的生活方式相比较。
- 描述一下留存于我们自己的生活方式、行为和习惯中的昔日生活方式的痕迹。消灭这些痕迹是否可取？为什么？
- 为什么城里人如此喜欢旅行，前往休假别墅去过周末或露营？
- 猎人、农民和商人分别最重视哪些人类特征和能力？我们的社会又重视哪些人类特征和能力？
- 我们生活方式的一个重要方面就是我们认识自己在世界上所处地位的方式。世界上的主要宗教与人们在欧洲、美国、印度或中国的生活方式是否存在联系？

30

文明、文化与宗教

上一章我们试着审视了从前,即［人类］从过去到现在的旅程。我们的审视过于简略,必然会使历史学家不寒而栗;我们能为自己所做的辩解就是,我们关心的其实并不是历史。我们感兴趣的是旅程本身,即过去给现在留下的印记。这就是社会科学所谓的历时观。但这种观点本身并无意义,除了作为一种预备活动来帮助我们更好地观察所生活的当下。[①] 有时这也被称为共时观。即使我们游历于当下,就像鱼在水中游动,好好观察当下也绝非一件易事——而这则恰恰是因为我们就"淹没"其中。一方面,现实屡屡用林林总总的事件、新闻、烦恼和机会轰炸我们。另一方面,我们则对此感到理所当然、百无聊赖、了如指掌——总之,不以为奇。今天、明天、下个月的情况都是半斤八两。还有什么好观察的?

观察意味着区分。让我们试着从类似这样的态度开始,但走得更深入一些。毕竟,我们会花大量时间去进行早已掌握的平庸世俗的活动。这些活动无须冥思苦想或排除万难;我们日复一日地例行公事,

---

[①] 想要深入了解这些问题,可以参考尼采的《历史的用途与滥用》。

小哲学：
如何思考普通的事物

同时还可以一边轻松地听着音乐。为了做到简明扼要，我建议将这一层面称为人类经验的文明层。有时某些事情会扰乱这种舒适的生活，如意想不到的经历、事关紧要的决定、真切实在的问题、突如其来的想法。人突然之间就要正视难题，并且必须调动在普通例行的日常生活中往往闲置的能力和资源。这一经验层面也许可以标记为文化层。最后，则可能会发生这样的事情，我们有理由停下来进一步认识自我：我从哪里来？我是谁？我在这里做什么？目的是什么？这种体验难得一见，很多人可能都是从未经历过，或者是确实经历过但已全然忘怀。但对有这类领悟的人来说，其影响则可能是重大的，生命中仅有一次就足以引起波澜。这往往发生在我们的少年而非成年时期，或受到重创之时，如至爱之人过世；或者相反，在欣喜若狂之时。我称这为宗教层的经验。

"文明"（civilisation）一词源自拉丁语 *civis*（公民）和 *civitas*（城市）。这种联系从何而来？为什么会跟城市有关？这是因为在城市里，人们根据自己的意愿建立社群，相当稳妥的例行日常的层面与整个生活相分离，在这个层面，人们不必步步谨慎，而是完全可以在自信地沿着路面行走的同时思考别的事情。我们古老的祖先生活在森林里，眼中的周围事物都高深莫测、暗藏杀机，所以他们无法享有这种奢侈。我们将文明层定义为平凡日常的领域，在这一领域，我们无须深思熟虑，有各种选择的可能性，可以效仿他人的行为，使用操作指南对不明所以的机器进行操作。同社会惯例（它是文明层的一部分）一样，人们在这一层面时常都会依赖既有模式行事而不必思前想后。

一些比较极端的例子可以最好地论证这一点。在詹姆斯·瑟伯（James Thurber）的故事中，一位老太太痴迷于电会从空插座中"漏"出来这个固有的观点。据说一家日本公司在战争期间仿制了一架美国战机，但曲轴极为复杂。后来人们才得知，日本仿制的是一架受损的飞机，曲轴在事故发生后被煞费苦心地重新平衡重量。

这些教训说明，不假思索地行事可能会导致出现极端的荒诞结果，但这样做仍有无可争议的优势。这极为省时节能，经过反复试验的行为模式往往十拿九稳，绝对不会是差的行为；要是人人都能遵循的话，就不太会有冲突发生。

但其最大优势则在于，"文明"的固定模式很容易掌握。这就是为什么近几十年来现代文明会如此顺利地在全世界传播，尽管传播形式只是发明得到了应用——我们并不是自主创造了这些发明，而且对其运作原理也是一无所知，因为没必要去了解。文明层及其无处不在的手册、操作指南，有意与较深层次相分离并确保尽可能独立于其他层次。前面我们谈到过大规模生产、工业革命和全球贸易的兴起。如今我们已经在这条路上走得很远，（富有的）人可以在世界上任何地方购买相同的商品、电器和小玩意，厂商会保证他们能够在对原理一所无知的情况下进行使用。尽管学校有一定程度的表面（往往过时）的科学教育，但欧洲人也是大部分时间都在使用自己毫无头绪的东西。这些东西若是出现故障，很可能就会被抛弃，由新的来替换并配有新的操作指南，因为除此之外毫无他法。

然而，该层次（即经验习得的做事方式）也将人独立于其他事物，例如人要对自己的行为负责。很难去谴责他人使用破坏人类生活环境的各类化学物质。这对那些提及并最终认同在报刊中读到或在电视上看到的内容的人来说亦然（这些都并非他们自己的想法）。甚至我们能否去责备某人加入每个人都加入的政党，或者责备某人去射杀邻居，只因"众所皆知"那些邻居是我们不共戴天的敌人呢？一方面，这样做的人必然是他者宣传鼓吹运动的受害者；另一方面，将责任归咎于他人，此人也就丧失了自由（即他作为人的本性）。他的"观点"其实并不是自己的观点，因此不具有任何意义；但若他不能为自己的行为负责，这些行为又是谁的行为呢？海德格尔已经描述过现代生活的这个方面，即有着各种用具、大量流言蜚语、"正在发生之事"（一般人）的大众世界，尽管他没有注意到该方面讨人喜欢的特征。毕竟，如果他走进弗莱堡一家餐厅，结果发现桌子没有正确摆放好，他又会想到些什么呢？

能够轻而易举、方便省事地操控事物，这在某种程度上遮掩了文明层无法独立存在这个自明的事实。汽车司机全然不知自己所开的车如何不同于十年前的车；这也实属正常，因为他们没必要去了解这一点。汽车广告中不再有汽车的技术信息，因为客户对此并不感兴趣。但汽车在做广告宣传之前则必须进行设计、开发和测试。生活和世界的创意之层即文化层服务于文明层，使其稳定运转并为其提供新产品和新创意，创造流行趋势和行为模式；但只有少数人参与其中。汤因比曾谈及多数人后来效仿的"有创造力的少数人"。如今欠发达国家的居民和在发达国家占多数的消费主义者实际上都被排除在这一群体之外。所有那些决定接受方便省力之物、经过验证的学校灌输、效仿成功者和借用模板之人，也都被排除在这一群体之外。然而，即使是参与其中的人，也只是在自己的"专业领域"显露出一小部分创造力并且只能与少数同领域的人进行讨论——无论是为塑料铸模、研究人类基因组、训练验光师，还是创作管弦乐曲。对社会的精神健康至关重要的是人们能够意识到这一点并至少会将他们的创造力引导到作为业余爱好者或收藏家的消遣和兴趣上，因为社会对创造力的需求极低，创造力在日常生活中并无用武之地。

我们这里用作基本称谓的"文化"（culture）一词也源于拉丁语，

出自 *colere* 一词，意思是栽培（如栽培作物）。农业（agriculture）、玉米栽培（corn culture）、细菌培养（bacterial cultures）皆由此而来。简单来说，文化代表着无法自产之物，我们必须凭借毅力和意志去照管它们并且非常清楚结果不会立竿见影。欧洲痴迷于追求条理性和明晰性，这迫使文化领域也以某种方式去"界定"自己。所以我们现今会用"文化"一词不同以往、范围狭隘的意义去描述某种领域。如今"文化"指的是戏剧、文学、博物馆、画廊，而医学、工程、木工则被排除在外。我们还有文化机构、文化信托、文化部门。但文化并不仅仅涉及某个特定领域。文化存在于"栽培"某种专业或手艺的地方，无论它们是厨房、实验室、车间、工作室。文化存在于人们投身于任何领域之时，他们绞尽脑汁去解决问题并在成功中感受到喜悦。如果仅仅是机械地执行活动（哪怕是写诗、创作交响曲、撰写哲学专著），只要是例行工作、单纯的职业需要、有目标的手段，就不存在文化。

不同于那些创造出易于分辨的社群的文明，文化是个人的。这是一个风险极大且需要勇气和责任的领域。富有创造力者从人群中脱颖而出，结果却往往是举步维艰。他们可能会成为人们嘲笑、嫉妒和幼稚模仿的对象。他们异于周遭事物，许多人可能会认为这就是关键所在。于是，那些自命不凡之人就会想方设法使自己脱颖而出，比如凭借奇特的发型或汽车的品牌——他们会很惊讶这些都不起用。而富有创造力的人则往往会感到受人轻视、灰心丧气，并可能会通过专注于自己的独特性来过度补偿这些消极感受。

然而，如今有目共睹的是，创造力是社会最珍贵的财富，也是物质成功的主要前提。文明层的独立性是可感知的；文明在任何地方都能轻松移植，这也许会导致一种错误的认识，那就是我们只需要这种表面的"文明"。但无论文明层从何处完全进口而来，如果本地人不参与其中，人们就会生活在精神分裂状态，各层次之间并无关联。而且，这种环境极为不稳定——文明层会在某天突然出现，第二天就消失不见，因为它没有在当地环境中扎下根来。文明层如果没有充分履行职能，就没有人能够对它进行整顿或改善，所以人们也就倾向于完全摆脱这一文明而去追求新文明，因为他们知道这是可以做到的。因此，如果一国的文明层是进口的，那么其民主就会非常不稳定，低劣的独裁者一发现动乱的苗头就会把民主扫地出门。

文化既属于我们生活的创造性领域，也完全掌握在我们手中。然而，其动机、推力和目标却是分开的，不受任何人支配。谁能解释为什么斯特拉特福一个相当成功的酒馆老板会在二十五岁开始创作戏剧并在二十年后又放弃戏剧行业？他的教育程度最多停留于当地的文法学校，那么他对英语那种不可思议的掌控力又来自哪里？他可能从未听说过心理学，那他又是从哪里获得的心理洞察力？他在没有导师的情况下又是如何获得那些伟大的艺术构思的？因此，尝试艺术创作的人总是说他们的作品不是直接来自本人，而是灵感和启迪的表达，等等。如果文化是个性的领域，那么其来源就会是极其私密的。这也是为什么明智的人从不会去谈论它，至少不会大声疾呼或在大庭广众之下议论。从外部观察创作过程的人只能猜测创意是否来自于内心深处的无意识或是有意识；不过，这两者是否真有天差地别倒是值得一提。伟大的圣奥古斯丁在他的杰作里屡次求助于上帝，他说上帝"比我自己更接近我的内心"。重要的是，更接近内心的并不是我自己。

我们如果坚持可以证实的历史事实，那就不能否认所有典型的文化活动都源于宗教领域。建筑、戏剧、舞蹈、音乐、诗歌、科学、法律、历史、书写都始于庆典的神圣氛围，继而则是神殿的神圣氛围。不仅如此，它们那些原始且常常最受欢迎的主题亦源于此。因为曾有一段时间，宗教在人类社会的结构中形成了一个具有连续性的层面。基督教导致宗教与国家相分离。它推广了独立个体的观念，即以自己的良知为指导，对自己的行为负责。在由这样的个体组成的社会中，宗教的重心也就转移到了亲密的领域，形成了一种独特的亲密关系。这是一种什么样的关系呢？

如果哲学产生于对现实的奇思妙想，产生于生活和世界绝对不是昭然若揭的这个事实，那么宗教人士就会更进一步把他或她的生命看作礼物或遗产，并希望他或她对生命的欣赏能为人所知。在古代社会，人人都清楚人类的生命朝不保夕。对于活着的人而言，看到每个新的春天（其实是新的早晨），就值得举办庆祝活动和集体盛会。同理，冬天（或夜晚）的到来则会使他们焦虑不安而想祈求帮助。现代城市社会为人们提供了更好的整体安全保障，在危机时刻它们会重点关注我们可以自助的那些方面。因此，宗教失去了它的吸引力，也许只有在遭受自然灾害或战争之后才会涌现某种集体的感恩之情。于是，宗教也就成为人内心生活的一部分而不公开。但是，由此宗教也有机会变得更深刻，更诚挚，更真实，也更自由。

不过，它的根本动机并未改变。现代社会里依旧买不到生命、幸福、家庭和朋友，我们之中那些更敏感的人还会意识到，自己的幸福绝不是应得的。我们一旦揭开了看似自然的生命和它提供的所有肆意挥霍之物的面纱，就有机会触及他者的领域，即宗教经验的领域。这个他者不仅比人类伟大得多，而且还对人类宽宏大量，他的形象对古代人民来说主要就是太阳，每个早晨和每个春天太阳的回归都能让人们集体庆祝。古希腊人将"善与美"的思想与此融合在一起，犹太人则认为"他者"是某种个体存在，人们可以对他说话而他也能够听得见。基督教源于犹太教，教徒相信通过耶稣之肉身，上帝自己也变成人类。他承受了凡人的命运，从而为我们人类同胞敞开了宗教关系。"如果某人说他爱上帝但却恨他兄弟，那他就是在说谎。"

随着文化和文明兴起于原始未分化的整个部族宗教文化，宗教开始失去其社会重要性，越来越成为自由人内心生活的一部分。然而，宗教永远都不会变得纯粹私人化，因为它的使命就是去影响、启迪和调解人人共有的信仰。宗教这个不容忽视、不可抗拒的方面有衍生出被滥用的危险，宗教已经多次未能经受住这项考验。在现代社会，这种危险是双面的。一方面，当宗教不起作用时，人们就会受到权力的传统诱惑而去控制局面和强迫执行。现代国家恫吓宗教是不会有好结果的。另一方面的危险则可能并不那么明显，它们来自于那些野蛮的宗教形式。对许多人来说，宗教对应的是他们内心的迫切需要。这一需要如果在社会中没有得到彻底满足，就有可能演变成某种盲目的、破坏性的力量。"宗教"恐怖分子、原教旨主义派别及其领导人的悲惨警世故事就见证了这一点。

尽管如此但却似乎没有一个社会可以永远摒弃宗教，因为宗教可以表达出在他者面前人们无条件的密切联系，人们拥有的一切都是他者所赐予的。只有宗教可以成为无条件关系的基础，它不会带来任何直接的好处，但却能经受住无论多糟的境遇。人们有基本的信任关系，会对其所作所为感到懊悔，甚至会对尚未做的事情承担责任。人们有原谅和帮助他人的意愿和能力，而这些行为似乎已经找不到缘由。在危机时刻，可以拯救社会的正是社会内这些关系的存在。一个古老的犹太教传统认为，世界的存在是因为迄今为止至少存在十二个正义的人（尽管这十二个人从不清楚这一点）。有些社会则对长期的和平与繁荣习以为常，这时宗教就会有助于减轻那些困扰人类的徒劳感和厌倦感。它可以让我们看到他人的需要，看到勇敢、纯洁、谦虚、无私的行为有多么美好，从而给人类自由带来意义。

思考题

- 描述文明层、文化层和宗教层的特点。这三个层面的典型特征各是什么？
- 你对此有何亲身体验？你分别在什么情况下会处于每种层面？你是否注意过从一个层面到另一个层面的转变过程？
- 试着解释一下艺术、科学和体育运动等方面专业人士与业余人士之间的区别。
- 你有兴趣爱好吗？你如何看待该领域的专业人士？
- 一位厨师何时会进入文化层？一位诗人、科学家、工程师呢？
- 艺术、科学、教育行业中的例行公事（或者说"做表面功夫"）有什么用？这些规矩的形式是怎样的？我们可以不这么做吗？若其他两个层面消失，生活只剩下例行公事，又会怎样？

～ 31 ～
宽容与多元化

如今人们经常提到宽容并有许多人认为宽容是一种珍贵而稀有的品质。在经历过多年的极端不容忍后出现这一认识并不足为奇,而且宽容是人类的一个重要特征。但这一说法也并非毋庸置疑。难道"宽容"不是一种过于模糊的说法吗?宽容什么事物?宽容到什么程度?宽容总是合理的吗?有些事情自然会是我们绝对不能宽容的。而容忍一些重要问题(涉及个人信念的问题)难道真的就是抛弃真理,就是冷漠甚至懦弱的表现吗?

宽容就是能够并且愿意容忍我们不喜欢的东西;我不能对妻子或女友说我容忍她——她必然会生气。我们可以容忍高温和饥饿,容忍惹人厌的老板、吵闹的邻居、喋喋不休的同事。但我们为什么要容忍这些?因为这并没有给我们造成太多麻烦,或者是根本没有解决办法。我的一个朋友住在一家摇滚俱乐部的楼上;起初他想让对方至少要在深夜降低噪音,然而,当他意识到这是不可能的时候,也就只好调整自己的事务安排,以便尽可能地忍受噪音。宽容在技术方面也有相似的用意。设计工程师知道制造零件时不可能达到绝对的精度,于是就会考虑到要指定一个不会影响机器整体功能的误差范围。这被称为公差范围。如果某种曲轴的直径应为二十毫米，那么在此基础上它可以短上百分之几，轴承的洞孔则可以长上百分之几，好让在轴承上转动的轴能有一些（但不能太多）伸展性。如果轴和轴承都在公差范围内，那么一切正常；如果超出了公差的范围，那就只能报废。同理，老板能够容忍员工迟到比方说五分钟，但不能超过这个限度，否则就会有不好的结果发生。

"宽容"一词本身就体现了我们对所要容忍之物的消极态度——我们不会把这个词用在我们所珍视或喜欢的人事物上。此外，宽容也总是取决于我们能够容忍的讨厌程度，不能超过一定限度。一旦我们受够了，我们就不会再容忍。所以非常宽容就是试着尽可能地扩大可容忍的范围——十分钟而不是五分钟，九十分贝而不是八十分贝。这就是解决办法吗？当然不是。此外，若涉及重要问题，也就没有宽容的余地。国家和警方可以容忍一定（较低）程度的轻微罪行，但在任何情况下都不能容忍印制假钞这种行为。对于这个问题，不存在可以容忍的范围，被定罪的人会被关进监狱，哪怕他只是印了一张低面值的纸币。

然而，使我讨厌和不使我讨厌的界限既非清清楚楚，亦非恒久不变；在某天全然不会令人讨厌的噪音，在另一天就可能会让我们怒火中烧。如果一切顺利，我的心情非常愉悦，那我就可以忍受有些许烦人之事——我会耸耸肩，一笑置之。毕竟，我是个宽容的人，不是吗？但若某天不幸我和妻子起了争执、未能如期实现计划，或因烦恼和忧虑而分心——那么突然间，情况就会有很大不同，似乎每个人都在密谋和我作对，有意要挫败我。在公交车上推了我一下的男子一脸奇怪的表情，还有商店里唠叨个没完的老太婆——这绝对不是巧合。昨天我还满不在乎的事情，如今却完全演变成了悲剧。好啊，这就是你们想要耍的把戏？那就等着瞧吧。我可不会任人摆布，这一点是肯定的！你说什么——我应该宽容？绝不可能！

　　不幸的是，这并非只是局限于鸡毛蒜皮的日常生活，它同样适用于各类群体和各个国家之间。从启蒙运动到希特勒崛起之前，德国的犹太人一直生活在和平中，并且大都被视为受尊敬的公民。但随后德国迎来的却是第一次世界大战的战败、恶性通货膨胀和经济危机——突然间，一切都变了样。一个文明社会的所有确定之事都崩塌了，人们开始疯狂地寻找可以归咎责任之人。社会上突然滋生出大量具有煽动性的言论，这些言论将会摧毁数百万人的生命。在前南斯拉夫，直到不久之前人们都是和平生活，就是在爆发冲突的前一年，也没人相信将会发生如此可怕之事。他们过得从容不迫，彼此微笑并容忍各自的差异——这不过是小事一桩。但是后来局势恶化，通货膨胀使人们的资产被剥夺，每个人都开始在周围寻找可以归咎责任之人，可以发泄愤怒之人。突然间，人们就开始注意到他们的邻居看起来有点奇怪——"最好密切关注他们"。而那些邻居的想法也和他们一模一样，直到有一天，他们可能看到对方带回家一把枪或斧子。于是动乱就开始了。在过去没什么大不了而能容忍的事情突然就成了致命的危险，友邻一夜之间就成了仇敌。因此，人类社会不能仅仅建立在人们对彼此的不介意之上，因为毫不介意的彼此差异少得可怜。

　　但是我们还能做些什么呢？我们该如何去对待那些不同于我们的人？他们也有一定的重要意义吗？让我们换个角度来思考这个问题。尽管世界上仍有许多人死于饥饿，但由于谷物耕种者的努力，死于饥饿者的数量并未翻倍。几个世纪以来，他们尝试种植尽可能高产的小麦和玉米，这些作物能受得住干旱贫瘠的土壤，能抵御寄生虫。他们最后成功了，种出了最好的品种并将其推广到世界各地。但是，随后灾祸就降临了——一种全新而不知名的寄生虫在该品种的作物中疯狂生长，毁灭了整批作物。以前，各地种植的小麦并非同一品种，所以只有整批作物的一部分会被毁。1845年马铃薯晚疫病出现在爱尔兰，一百多万人死于随之而来的大饥荒，就是因为整个国家的作物都被摧毁了。

于是，耕种者有了一个重要发现：没有哪个品种，哪怕是最好的品种，能够优秀到我们可以只依靠它而生存。即使它具备最好的属性，我们也无法测试它对每种疫病和寄生虫的抵抗能力，因为我们并不认识所有病虫害。而疫病则会尝试作用于各种作物；毕竟，它们也没有什么别的办法，而只要发现一线机会就会开始发挥作用。我们在世界各地种植同一种小麦的区域越大，灾祸就会蔓延得越远。因此，我们必须随时备用其他品种，这些品种也许产量稍低，但却可以抵御不知名的寄生虫。耕作者因为只与自然界的事物打交道，于是便开始致力于保护尽可能多的品种（也即生物多样性）。早在两三百年前，他们就开始收集世界各地栽培和半栽培植物的种子，但他们这么做并不是为了将其放入博物馆或标本室，而是因为我们在某一天可能会用得着。

成功的小麦耕种者当然知道，新品种比过去所有品种都要更好，是要求最低、产量最高的品种。但如今他们也已知道，只有单一一个品种是不够的，也永远不会足够。这就是为什么现代生物学家会前往遥远的世界各地，劝说当地农民不要放弃传统品种，这样这些品种就不会完全消失。大国都有自己的基因库，里面存有数千种不同品种作物的种子，并会不时播种新的种子并获得收成，这样种子才不会失去发芽能力。

人类自身这个物种也经历过类似的事情。现代社会和生活方式对我们所有人都施加了微妙而高效的压力，要求我们趋于同化。世界各

小哲学：
如何思考普通的事物

地的人们都穿牛仔裤，学英语，听相似的音乐，住高楼，希望拥有独立的住宅。这有一些优点——我们无论旅行到哪座城市，都不会过于引人注目，我们有合理的办法去做到行走无阻并能与人沟通。但这也有一个很大的缺点，更准确地说是一种危险。人人都相同的话，就会成为同种"寄生虫"的猎物。这并不仅仅是生物学意义上的（我们有医生和药物来处理这个问题），而更重要的则是意识形态上的。意识形态上的传染病会比霍乱更可怕。20世纪的事件充分证明了这一点。

纳粹这种传染病主要迫害了犹太人，但它也影响到了吉卜赛人和其他人。这些受害者很可能先于他人就预见到这是一场传染病，他们也许能有所抵抗，但因属于少数人群，所以多数人都没有听到他们的警告，也没有给他们提供援助。也许大多数人都很高兴能够摆脱感染。俄国的传染病主要影响到农民、宗教人士和除此以外的其他许多人。为什么当今世界会有这些传染病？因为人们彼此太过相似，很容易被同种煽动所左右。因此，除了选择的多样化和差异化，没有其他办法去对付意识形态上的寄生虫。所以，民主社会会滋生出各类政党，因为我们非常清楚，只有一个政党的社会是不好的。所以有人想法离谱，比起众口一词，反而没有那么让人担心。因为人人相同的社会迟早会演变成极权主义政体，而这种政体则只会早到而非迟来。

等到这样一个极权主义政体坏事做绝最后被推翻之时，每个人都会恍然苏醒，对自己感到有点惭愧：我们怎么能够允许自己被人这样操纵呢？我们必须从头开始，这次我们一定要改弦更张。但若人人都这么说，那就很容易又掉进同一个陷阱。

我们周围有些人因为与众不同而被我们嫌弃，而实则他们是唯一一种抵御集体"傀儡化"或者说极权主义的早期预警机制，这个惊人的发现被称为多元化。请注意，这并不意味着无限的宽容，而是意味着能在与我们不同的人身上看到我们所没有的优点和潜力,或者至少是我们拥有但不曾挖掘的优点和潜力。重要的是要注意到,多元化的好处并非在于彼此相异这一点[①],而是在于相互进行沟通和持续对话的能力和意愿上。("四只眼睛比两只眼睛看得清",换句话说,两个人可以通过交换看法而都受益。)当意识形态的寄生虫发起袭击,试图把我们像羊群般聚集起来,用黑色的魔爪团团围住我们,这一点就会变得彰明昭著。因为如果我可以这样被愚弄,那么所有像我一样的人也都会被愚弄。但事情并不止如此。四只眼睛不仅意味着更安全,还意味着有更大的可能性去瞥见更好的解决方案并发现机会。

宽容代表的是我们要容忍与我们不同、给我们带来不便的邻居;与之不同,多元化代表的则是我们应该重视他们的不同点。宽容引导我们要在一定限度内适应对方,即试着减少双方之间的差距,当然他们也需要适应我们的方式。这种同化倾向往往容易引发冲突,特别是民族主义冲突。多元化自然明白我们不能像他们一样,他们也不能像我们一样。总之,彼此是不一样的。但多元化并不认为这只会带来不便,而是将其看作一种非常有用的品质或者至少是一个机会。这一点很是不同于宽容。不过,这是可能的吗?多元化真的被实现过吗?我们知道历史上存在过宽容的时期(繁荣时期往往都是如此),但是否实现过多元化呢?

多元化不是社会的某种统计特征,而是个人的内在能力和信念。到目前为止可能并不存在多元化社会,但多元化的典例却是可以追溯到很久之前,那时甚至没有人会想到要去追求多元化。圣经中就有这样一个例子。公元前 500 年左右,逃离囚禁的无名犹太学者们在汇总

---

① 正如多元文化主义者会略带天真地这样理解。

小哲学：
如何思考普通的事物

古老的文本和传统时，惊讶于书中内容是如此相异又常常矛盾。但智慧的学者们并没有试图去"统一"那些内容。他们将其维持原状，等量齐观。圣经的开头描述了世界的创立。你若仔细阅读文本，就会发现它包含两种不同的叙述（《创世记》1章1节至2章3节；《创世记》2章4节至3章），两者在一个细节上是一致的，即世界是由神创造的。但其他一切就都有不同。第一种叙述通过一个公正的见证人之眼来描述创世，他观察着整个宇宙直到人类被逐步创造出来。一切都很好，一切都会有好的结局。第二种叙述通过世上的第一个人亚当之眼观察到了花园、树木、动物。他要寻找一个同伴，于是就找到了一个女人。他第一次听到有什么禁忌，但却没有听从命令。于是，惩罚和诅咒便随之而来。这个剧本的结局并不好，只存有一线希望。尽管如此，这两个文本却是平起平坐地占据着举足轻重的地位。也许这就是为什么圣经依然是一本活的书。基督教学者组织撰写《新约》时的情况也与此相似。关于耶稣的生与死这个最重要的主题有四种不同的描述，即我们现在知道的四福音书。学者们抵制住了诱惑，他们没有将这四种说法改编成一个故事，而是维持了原状。虽然在后来的基督教历史中占据上风的是偏见，但我们却可以追溯某些事物的根源，这使我们能够摆脱偏见，而且用的是更好的方式而不是居高临下、浮于表面的宽容。

我们都不同于彼此，这一点有时可能会是我们日常生活中的一种障碍，我们都会不时为此感到心烦意乱。但是，想让自己的孩子生活在自由社会的人们现在已经认识到，那些讨厌的人（他们是观点相左的少数群体、派系和政党）不仅应该被容忍，还应该被重视。很可能有一天他们将会把我们从比纳粹主义更糟糕的事情中拯救出来。

思考题

- 描述一下我们会提到宽容的各种情景。
- 宽容取决于什么？怎样能够扩大或限制宽容的程度？
- 宽容与多元化有何不同？为何要重视人的多样性？为什么这在自然界中很重要？
- 不同群体什么时候最容易相互看不顺眼？
- 不同群体什么时候最好能"分开地共同"生活？这在什么时候是必要的？此处要考虑到通常总有一方强于另一方这一点。
- 能够说一门（或多门）外语的重要性是什么？
- 什么能使不同群体的共同生活变得更容易？能够作为邻居相安无事？

32

人 与 世 界

  很久以前,自有历史以来,人类不仅生活在世界中,而且他们也是世界的一部分。人类在其数千年的发展历程中逐渐建立起他们的文化距离并巩固了他们的地位,进而也就脱离了对环境的依赖,而这样一来人类也就把自己排除在大自然之外。《吉尔伽美什史诗》中的巨人恩基杜早先与动物们一起生活在森林里,但在他搬到城市后动物们就开始回避他。现代科学和哲学填补了这个裂缝。在现代理性主义的视角下,人类是有思想、占统治地位的主体,对抗着世界,即全部受物理定律支配的一堆无生命物体、原材料和资源、机械化机器。顺便提一句,那时的物理忘记了其出发点是自然科学,其主题是有生命的大自然:古希腊语 *fysis* 源自动词 *fyó*,意思是"出生""成长""繁殖"。人要能思考,首先得长大而且总是需要食物,而哲学则忽视了这一点。

  值得赞扬的是,自然科学在 19 世纪开始将这个可怕的裂缝与现实联系起来。也许它只做了一部分并显得犹豫不决而且还遇到很多阻力,但它确实是着手去做了。这始于拉马克和达尔文,进化论搭建起了大自然与人类之间第一个有形的桥梁。然而,这种搭建只是单向的，而科学对此也是别无他法。这些学科认为，人类是世界的一部分，世界被视为无机物并得到相应的对待。如今，科学并不把世界看成是死的，但却仍将世界限制于精确衡量、必然原因、合理控制自然界的可能性这一范围之内。正是由于科学，人类如今也被包含在这一范围之内。人也可以被衡量，我们的身体也受到因果律的支配。我们甚至也可以衡量人类社会并从中找出一些规律。

现在轮到哲学了。哲学需要证明并确立的是：它的观点（它不为寻求支配事物而是寻求理解事物的内在观点）可以应用于自然、技术和全世界。到目前为止，科学似乎在这方面领先一步。例如，洛伦兹对动物行为的研究表明，我们作为人类可以理解动物，我们依赖神人同形同性（拟人观）去描述如大雁的行为，其实是完全合理的。在其他方面也有类似的行为转移迹象。人与自然的均势倾斜了，我们对待自然的态度也是如此。经过某个自然保护机构的办公室，我隔着窗户注意到一件老鹰标本，这只老鹰是约一百年前在波希米亚东部被一位眼光敏锐的猎人枪杀的——这位猎人的曾孙把它送给了自然保护机构的人员——他们的曾祖父若还在世，不知会对此说些什么。

现代人对待自然的态度经常都是反复不定，有时廉价而伤感，多数时候则是激进而冷酷。但也有一些变化是可以察觉的。如果说这些变化有点粗糙肤浅、基于印象、杂乱无章、朝秦暮楚，那么这完全是哲学的过错。还有谁能为人类通向自然的桥梁打下基础呢？科学仅仅是让我们认识到人类身上精确和可衡量的"自然"属性。除了哲学，还有什么可以点明自然的"人类"属性呢？

但当我现在谈论哲学和哲学家时，我其实是在谈论我们自己。你，坚持阅读本书直到最后几页的大胆读者，还有我。我们已经抵达在哲学地带走马观花的旅途之终点，当然，这是一场简单短暂、缺乏

小哲学：
如何思考普通的事物

深度的旅程。但是，我们并不打算通过这一旅程来获得关于事物真相的确切答案。这些问题并不是由哲学来解答，而是可以由科学乃至官僚体制来解答。我们通过思想世界的旅程来提醒自己，在人的生命中，有哪些方面是值得花时间去思考的。我们这样做是为了认识到，哲学并不总是要从关于"存在"等诸多经典问题开始；哲学完全可以始于任何事物。或者更准确地说，哲学可以始于任何让我们感叹、惊奇，甚至只是感到意外的事物。所有这些事物，无论乍看上去显得多么平庸世俗，对于学会了思考和观察的人来说，这其中都包含着某种神秘的东西——无论是夏天潮湿的柏油路面、《黄色潜水艇》的曲调，还是科学依据、时间、金钱和美德。

这些都是任务，或者也可以说是思考的机会。不只是在现在，在学校里和听课期间，而是还有以后。特别是在以后。哲学的任务就是保持现实意识，无论我们走向何方，都会有无数奇妙而惊人的事物留给我们去思考。我们为什么要这样去做？原因有两个方面。首先，这样做可以使人们产生新的想法，发现和创造新的事物——发明物、科学发现、诗作。或者，人们可能只是学会了生活在神秘之中，然而，这些神秘并非"神秘"莫测、无法接近、编码加密、难以捉摸，而是意义深远、至关重要。它们无须像南极洲一样被征服，而是等待着某个人停下来去思考。彻底遗忘它们的人会丧失自我的深度，最终则会失却人性。我们需要哲学来使我们不要忘记这些神秘和失去人性。

接下来，哲学还有另一个更为直接而紧迫的任务。欧洲文明曾经树立目标想要确保最大多数人都能得到最好的生活条件。（事实上，谈论"幸福"的人可能并不清楚其具体内涵。）如今，至少世界上的某些地方几乎已经实现了这一目标。这为我们提供了安全、舒适和自由，其程度是整个人类历史上的普通民众所想象不到的。但现在我们似乎走到了一个十字路口，不知道接下来要走哪条路。此外，人们也意识到，这一目标仅仅是在世界上某些地方实现了，在其余地区可能永远都不会实现（我们的地球无法支撑这种负荷）。而且整个世界的当下状况也是岌岌可危，因为到目前为止，受到亏待的人也想分享财富、舒适和繁荣。对有思想的人来说，显然，富有的人必须遏制他们的物质需求。这包括你我，我们大家。有些勇敢的人甚至已经主动开始这样去做：他们节省能源和水，他们回收废弃物，他们骑自行车而不是开车，他们不觉得有必要拥有金钱可以买到的一切。

但迄今为止，现代富裕社会的凝聚力和内部和平都是建立在经济增长、盼望情况总在变好的基础之上。没有哪位追求仕途的政治家会用永久的自我约束去接近选民，否则等到下次选举他就会立即下台。不过，他们之中那些更负责的人则至少会试着迂回地传达想法，谈及"可持续增长"。但是，可持续增长（无论长期还是短期）只适用于非物质的东西和没有物质需求的群体。这曾是第欧根尼、僧侣和隐士的目标。今天，人类面临着为人人设计和实现这种文明的任务。当然，在实现这种文明的同时绝对不能使用暴力，因为暴力不是我们想要的方式，而且还要维护自由，否则即使实现了这种文明也是毫无意义。当然，这绝非易事。而且到目前为止，我们还只是在等待思想的火花，等待勇敢、智慧、耐心的人能够担起此任，但愿如此！